全家福。

哥哥和弟弟一起看書。

美國一所小學的教室內景。

美國一所小學的教室內景。

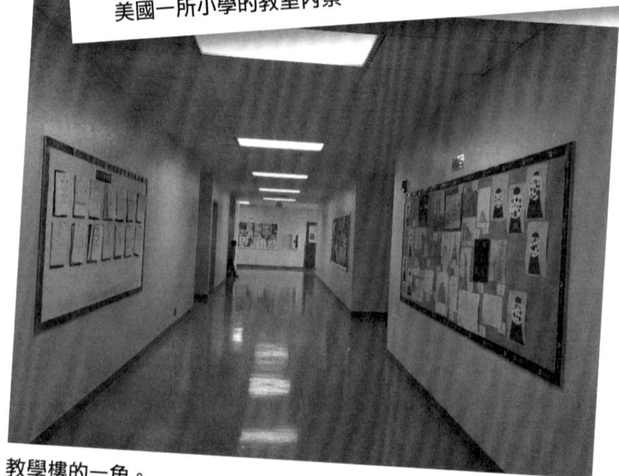

教學樓的一角。

美國一所小學的教育使命。

美國小學裡學生的繪畫作品。

美國一所小學裡沒有鋪塑膠墊的遊樂區。

美國一所小學裡的操場。

全球化的教育課

史丹佛媽媽的美式教育心法

〈推薦序〉

為什麼我們要關注「美式教育」？

二〇一三年，我隨中國科學技術大學代表團訪問美國史丹佛大學，第一次見到唐蘭蘭，她協助我們安排訪問工作。看她舉止端莊，做事嚴謹，我猜想她一定來歷不凡，果然，後來得知她是中國傳媒大學和史丹佛大學的雙料碩士，以前還曾經在中央電視台做過記者，現在在矽谷的一家美國投資公司工作。我與她見面次數不多，工作上有些來往，但後來常用微信交流，主要是因為我們的孩子年齡相仿，有許多共同的話題。我雖然也從美國名校畢業，後來又有幸分別在美國和中國的名校教書、帶研究生，但對兒童教育還得從頭摸索。蘭蘭創建了一個微信公眾號叫作「美式學習零距離」，我也是她的忠實讀者，她在公眾號裡的第一篇文章就深深吸引了我，我便在朋友圈裡強烈推薦，公眾號裡大家都親切地叫她「蘭蘭媽」。

最近又得知她還創建了微信「美式學習群」，我也急忙加入其中，和大家一起向她學習。蘭蘭對孩子教育中的具體問題悉心分析思考，感悟很深，在微信群裡開週末講座，分享她對美國兒童教育的細緻觀察與理念分析。我也鼓勵蘭蘭出書，讓中國國內外的華人孩子都受益，我曾試圖在中國找些談美國中小學教育的書，特別是針對華人孩子美式教育問題的書。走進書店，才發現店裡這個領域的書甚少，大部分談美國中小學教育的書都是直接翻譯美國人寫的教育學術著作，缺少作者本人對美國教育有深切感受，並從華人文化的視角來理解、分析美式教育的書籍。原因也很簡單，像蘭蘭與她先生蔣里（他先生蔣里是美國史丹佛大學的博士，研究領域是機器人）這樣從美國名校畢業的優秀華裔人才，在美國也正在職場的第一線奮鬥，回家還要帶兩個孩子，輔導孩子做作業，甚至還要加班工作，幾乎不太可能有時間寫書。當我收到蘭蘭的第一版書稿時，真是覺得不可思議，她居然做到了！書的內容非常具體、生動，主要講的都是她自己經歷的事情和感受。她代表的這一代人有著特殊的經歷，從小在中國長大，歷經艱苦的高考磨練，在中國名校讀了大學本科，又在美國名校獲得研究生學位，在美國就業工作並且生兒育女。看似順利的人生歷程，其實只有他們自己最清楚這其中的疼痛、跌宕與衝突，並在培養下一代孩子時深刻反思，試圖同時吸取中美教育的菁華，讓孩子成為未來更具有國際競爭力的全球化公民，所以蘭蘭出書真是難能可貴，這背後所付出的努力是令人難以想像的。

為什麼我們要關注「美式教育」？蘭蘭在書中講了其中很多道理和故事，我在美國也常切身體會到中美孩子教育的差異，也就更能理解成人之後的區別。我曾與蘭蘭分享我自己的一個故事，有次我帶孩子去聖地牙哥的海邊玩，遇見一個美國媽媽帶著兒子，他恰好與我兒子年齡相仿，兩個孩子很快就玩在一起了。當孩子們準備下水時，面對洶湧的浪潮，我緊張了，趕緊抓住兒子叮囑：「不要去太遠了，浪大就立刻回來」，此時，我卻聽到那個美國媽媽在旁邊大聲喊：「兒子，你往大海裡衝，衝到你能去的最遠的地方，媽媽在這裡看著你！」看著那個美國孩子像小老虎一樣拚命地往海裡衝，我突然間明白了美國人為什麼那麼自信，美國為什麼有那麼多的傑出運動員，美國為什麼有那麼多富有創新精神的人。蘭蘭在書中介紹了「美式教育」的一個重要特點就是充分挖掘孩子的潛力，讓孩子淋漓盡致地去做自己熱愛的事情。

時代在變化，蘭蘭詳解的美式教育，其實是所有家長與老師都需要不斷了解、學習的新課題，僅依賴我們自身的成長經驗是遠遠不夠的。慶幸的是，蘭蘭生活在矽谷的大環境裡，講述的是一個年輕母親的真情實感，以及包容多元文化的價值觀，所以這本書的內容通俗易懂，又十分親切。蘭蘭對自己孩子的期待與我們大家都一樣：「希望他以後無論生活在哪個國家，都能夠在那個國家立足，能夠發揮他的長處」。

美國麻省理工學院（MIT）與史丹佛大學講座教授
MIT 指導委員會委員
國際勘探地球物理學家學會（SEG）執行副主席
中國科學技術大學「國家千人計畫」教授兼校長北美事務代表
中國合肥
張捷

〈序言〉
父母是孩子的引路人

作為兩個孩子的母親，我一直堅信分享教育理念、傳播教育理念是一件非常有意義的事情。對於在中國接受過基礎教育，又到美國的頂級名校接受研究生教育的我來說，在美國生活了這麼多年，運用自己這些年的親身經歷與所見所聞，真正客觀地向家長們傳播好的美式教育理念一直是我的心願。

對於我這樣一個有全職工作，還有兩個孩子的母親來說，每週在我的微信公眾號「美式學習零距離」上更新文章，分享我這些年關於教育的感悟已實屬不易，寫一本關於美式教育的書則更不在計畫之內。

那麼多個夜深人靜的夜晚，在電腦上一個個敲打出來的文字最終要出版成書，呈現給大家的時候，我卻沒有了原來想像的那般激動。身處在美國矽谷，全世界最前端高科技的聚集地，也就意味著在和全世界那些正在用高科技改變教育行業的人們並肩而行，我突然發現，我不僅僅是寫成一本書，更重要的是向大家傳遞一種教育的革新理念。

記得三十六歲生日那天，我去理髮店剪頭髮，理髮師突然叫道：「你有一根白頭髮了！」我笑著說：「這是你今天送給我的生日禮物嗎？」在三十六歲本命年來臨之際，我想還是寫點什麼送給自己吧。

先說說我的父母。我的父母都是因為特殊的時代原因而沒能上大學的一代，而他們對知識的渴望可能比任何一代都要強烈。我的媽媽才初中畢業就進了工廠，結婚後，媽媽晚上要值夜班，白天還要操持整個大家庭的日常起居，照顧我的奶奶和外婆；就這樣，她仍然在我小學的時候花了整整五年的時間一邊工作，一邊照顧家庭，一邊考取法律專業的大專文憑。因為當時那份文憑必須修滿規定的二十幾門科目，每一門都要合格，最終才能拿到學位證書，很多一開始和她一起學習的同學都半途而廢了，考了幾門以後就放棄。

媽媽幾乎是她們班上最年長的學生，同時也是最刻苦的一個。我至今都記得冬天的南方天很冷，媽媽一邊手洗著全家人的衣服，一邊拿著法律詞彙背誦，很多個夜晚，媽媽都要獨自一人去參加輔導班，直到深夜才回家。我記得媽媽在拿到學位證書之後，整理自己所有的讀書筆記，疊起來竟然有一人高，每本練習本上都密密麻麻地抄寫著各種法律詞彙及老師講解的重點。

我的爸爸讀到高一，接著就進廠當了工人，在我剛出生沒多久，爸爸就開始一邊工作一邊讀在職的本科學位。他曾經寫了一首打油詩來記錄自己辛苦地半工半讀的四年學習生涯，「而立之年讀大學，懷抱嬌兒習功課，四年曲折攀書山，及頂方知其中樂」。那四年當中我的爺爺過世了，家裡也出現一些經濟上的危機，但是爸爸最終仍然以全年級八個全優生（畢業設計、畢業答辯、生產實習）之一的優異成績畢業，拿到了本科學位。

我的父母常說的一句話是「拚娃不如拚自己」，我經常聽到很多媽媽這樣抱怨自己的孩子：「我為了你做了多大的犧牲啊，你為什麼不能好好學習？」但是從我父母的身上，我學到的卻是先做好自己，為孩子樹立一個良好的榜樣，孩子在這種潛移默化的環境裡，自然而然就會愛上知識。

再說說我自己吧，我在中國傳媒大學拿到了我的本科和第一個碩士學位，而我的第二個碩士學位是在美國史丹佛大學拿到的。

要說我求學過程中最辛苦的階段，應該是在史丹佛大學學習的那段時間，因為之前在中國所學的傳媒專業在美國的發展很受限制，我不得已改換了專業，從一名文科生變成一名理科生。要知道我以前那少得可憐的高等數學知識哪裡夠用啊，多少個日日夜夜挑燈夜讀，從頭開始補習高等數學的時光仍然歷歷在目；並且在史丹佛大學讀書期間，我的第一個孩子誕生了，回憶那段歲月，真是痛並快樂著，但是那也是我這輩子分外珍視的幾段時光之一。一開始懷孕初期反應很大，我的婦產科醫生建議我休學一年，等生了孩子、孩子大一點再繼續讀，但是我太渴望在史丹佛大學讀書了，不想中斷；權衡再三，我還是堅持懷孕時也去上課，我是我們那個專業年齡最大的學生，大家都親切地叫我「蘭蘭姐」。

每當我大著肚子出現在教室的時候，教授臉上瞬間都會出現驚訝的表情，班上的同學常常開玩笑說：「別家的孩子胎教是聽莫札特的曲子，你這個胎教倒好，直接上這麼高難度的，你兒子生下來不會手裡拿著一本課堂筆記吧」。我至今都記得在懷孕九個月的時候，我仍然需要參加一門課程三小時的考試，考試前的很多個夜晚，我常常看書到深夜。

我記得那次考試是在史丹佛的一個報告廳進行，桌子和椅子都非常窄，我的大肚子得要很艱難地擠進那張小小的折疊桌子前。大家都知道，懷孕後期胎兒會壓迫膀胱，會經常想上廁所，但是整整三小時的時間，因為試卷題目數量太多，我完全沒有上廁所的時間，兒子在肚子裡一個勁地亂踢亂動，我只能不斷地讓自己集中精力完成考試。

當我最終完成史丹佛的學業，在畢業典禮上抱著兒子上台去領我的學位證書的時候，全場很多人起立給了我久久的掌聲。我是那一屆我們系上唯一一個抱著孩子上台去領學位證書的媽媽，系主任給了我一個大大的擁抱，到場參加我畢業典禮的父親眼裡閃著淚光，因為他知道我為了拿到史丹佛的這個碩士學位，付出了多少努力，至今回想起來，在史丹佛讀書的日子是我過得最辛苦、也最充實的一段時光。

每一對父母都是孩子的影子，如果父母不能以身作則當孩子的榜樣，試問父母有什麼資格讓孩子好好學習？一個從不看書的媽媽，如何有資格讓孩子愛上讀書？請不要再對孩子說：「你看我為你犧牲了多少！所以你一定要好好學習！」之類的話。

我想，作為父母，我們是孩子成長過程中的模範，更是他們人生道路的引路人，「拚娃不如拚自己」，做好的父母，我們更應該先做一個更好的自己。

我們迫切希望孩子發揮潛力，但是在拚娃的同時，我們是否忽略了自身的發展呢？很多人都說這是一個拚爹拚媽的時代，但是這個「拚」在我看來不僅僅是父母可以提供孩子多少物質上的優越條件，而更在於父母是否能夠給孩子更廣闊的眼界，引導他們走向更大的格局。而這一切的前提，在於身為父母的我們，是否已經具備了這樣的眼界和格局。

我們已經迎來了一個瞬息萬變的時代，未來孩子也不再只是和本國的孩子競爭那麼簡單，任何一個國家的教育體制都是和國家自身的歷史、文化息息相關的，在這個全球化的時代，把美式教育中的那些菁華「西為中用」，才能使我們的孩子在未來真正走在全世界的最前面，我想，這也就是我這本書真正的價值所在！

目錄
Contents

Chapter 2 學習為人父母，做孩子的引路人

Chapter 3 從幼兒園開始，掌握受用一生的學習能力

〈前言〉
全球化的公民，全球化的素養

我跟我先生都是出生在中國的南方城市，我是在中國讀完碩士出國的，我先生是讀完本科就出國的，我們的經歷跨越了中國和美國的教育體系，儘管我們在美國已生活十多年了，但我跟我先生心中抱持的其實都是非常傳統的中國式價值觀。

我的孩子出生在美國，接受的完全是美國教育，形成了美國式的思考模式，有時候我常常想，我們自己算是第一代移民，我們的孩子已算是第二代移民。對於我和我先生來說，我們的自我身分認同是中國人，具體來說是生活在美國的中國人，而對於我的孩子來說，到底哪裡能給他歸屬感？到國外的第二代移民，像我兒子這一代的人，普遍會存在這個問題。有時候我也在想，當別人問到我兒子是中國人還是美國人的時候，他將如何作答。如果有人問我，我將毫不遲疑地回答是中國人；但對於我兒子來說，他的父母是中國人，他出生在美國，他接受的是美國的價值觀和西方的意識體系，到底他屬於哪個國家的人？

現在全球化的趨勢越來越明顯，「地球村」這個概念也越來越被大家認同，而且現在的交通工具也比以前發達，從中國北京到美國任何一個城市，或者說從地球的一端到另一端，基本上坐十幾個小時的飛機，一天之內就可以到達。美國是一個移民國家，尤其三藩市（舊金山）又是美國最多元化的一個地方，也是全世界高科技雲集的城市。我現在生活在美國的矽谷，我身邊的同事、朋友來自不同的國家，不同種族、不同膚色的人都可以在矽谷找到適合自己的位置。我有時候跟我先生討論，我們的孩子這一代其實沒有必要特別侷限地讓他們認為自己是中國人還是美國人，而應該讓他們有「全域」的觀念，他們是全球公民，是全球化的人。因為未來的孩子，就像現在生活在矽谷的人，是要跟全世界最優秀的人競爭。

從這個角度來說，我更希望我的孩子是屬於全世界的全球公民，具備適應全球化的優秀素養，我希望他以後無論生活在哪個國家，至少都能夠在那個國家立足，能夠發揮他的長處。像我兒子這一代，未來他們所面臨的並不只是和中國人或美國人競爭，就像現在在中國，也有很多外國人到中國去找工作，以後他們的競爭對象是全世界的優秀人才。

作為孩子的引路人，家長如果能讓眼界更開闊些，不把孩子侷限在某一個國家，或者某一個城市、某種價值觀上，而讓他們從小就知道，其實他們是屬於全世界的，他們是跟全世界最優秀的一群人去競爭，這樣他們以後的思路就會更開闊，所具備的素養就會更加適應全球化。

具有全球化眼界的孩子能夠互相包容，自己在具有了一定的意識、一定的價值觀以後，能夠去包容更多其他多元化的價值，這樣的孩子將會是未來真正的全世界的主人。

Chapter 1

具備全球化素養的十大力，讓孩子擁有大格局

作為我們的孩子這一代，應該讓他們有一個全域的觀念，因為未來的孩子，是要跟全世界最優秀的人競爭。從這個角度來說，我更希望我的孩子是屬於全世界的全球公民，我希望他以後無論生活在哪個國家，都能夠在那裡立足，發揮他的長處。

禮儀力——人無禮則不生

前不久，我看到一則新聞，美國電視節目《Jersey Belle》的主要工作人員蘇利文在臉書（Facebook）上發表的一篇描述自己「狠心」教育孩子的長文，被網友轉發了數萬次，獲得了數十萬個「讚」。

既然是「狠心之舉」，為什麼會得到這麼多人的讚賞和認同呢？原來事情的經過是這樣的：蘇利文帶三個孩子去「冰雪皇后」（Dairy Queen）買冰淇淋，當三個孩子從年輕的女店員手裡接過甜點時，誰都沒說「謝謝」。蘇利文覺得這是教育孩子懂得尊重和禮貌的絕好時機，於是她把孩子們手裡的冰淇淋一一收了回來，扔進旁邊的垃圾桶，並向孩子們解釋：「有一天，如果你們有幸，也會像這位店員一樣做一份工作，我會希望人們能夠看到你們（的存在），真的看到你們，看著你們的眼睛，說聲『謝謝』。」

蘇利文自嘲當天她是天底下最狠心的媽媽，我卻覺得，在「狠心」對待孩子的時候，她是天底下最棒的媽媽，因為她讓孩子們懂得了尊重與禮貌。

在美國，你會發現孩子們都很有禮貌，他們隨時隨地都會用「Please! Thank you! Excuse me! Sorry!」這些禮貌用語，也很少有孩子在公共場所大聲喧鬧、胡亂插隊……，這是因為美國家庭素有「把日常當成課堂」的傳統，他們把禮儀教育看作品德教育的入門課，注重對孩子禮儀細節的教育。

中國自古就有「禮儀之邦」的美譽，也十分重視對孩子的禮儀教育；但由於中美兩國受到不同價值取向的影響，對禮儀有著不同的詮釋，在合乎禮儀的行為規範方面也有著不同的準則與要求，對孩子的禮儀教育自然大有不同。就從我自己在美國十多年的生活經歷來看，中美禮儀教育有兩個顯著的差異。

長幼尊卑VS自由平等

說到禮貌待人，許多人都認為是尊老敬賢，這是由於中國人長期受到長幼尊卑觀念的禮文化影響；但在美國，禮貌行為並不只是尊重長輩，它還是社交過程中的行為規範，適用於人與人的日常交往。人們在平等的氛圍下相處，每個人都是獨立而平等的個體。

跟陌生人打招呼是美國人最基本的禮儀，剛到美國時，經常有迎面走過來的陌生人對我友善地「hi」一聲，我一開始很不適應，不過慢慢地我也養成了和陌生人打招呼的習慣。清晨，一句來自陌生人的「Good morning」，常常讓人一整天都如沐春風。

我剛到史丹佛大學讀書時，很不適應的是對教授們的稱呼。在中國，一般我們對比自己年長或是德高望重的教授、前輩都會尊稱一聲「某某教授」或是「某某老師」；但在美國，很多時候就算是超級厲害的教授，也讓學生直呼他的名，比如麥可，而不是叫他「麥可教授」，我記得當時至少花了一個學期去適應這種稱呼。

曾經有一次我還特地問過一個教授。我說在中國，學生通常都會對自己的老師冠以「尊稱」，為什麼您喜歡學生們直呼您的名呢？我至今都記得，這個在學術圈數一數二的教授突然瞇起他的眼睛，哈哈大笑起來，他說：「直呼其名不好嗎？我們本來就是平等的啊。雖然在這個課堂上我是你們的授課老師，但是在其他很多領域你們卻可以當我的老師啊。學習是一門終身的課程，沒有任何一個人處處都比別人強，我更希望我們能夠平等地對話和交流。那這個平等，就請從直呼我的名字開始吧！」

理念灌輸VS間接滲透、聯繫生活

雖然中國的禮儀教育歷史很久遠，但它發展緩慢，且過於教條和死板。灌輸式的禮儀教育一味強迫孩子們接受外在的約束和規範，卻無法將其轉化為他們內在的認可。

美國將禮儀教育滲透在「公民教育」之中，排隊守秩序、在餐廳用餐時將交談聲音壓低、夜深無人時不闖紅燈、有「STOP」標誌的地方自覺停下來環顧四周才繼續行駛……，這些都是美國公民在公共場所應該遵循的行為規範。學校裡並沒有專門開設一門禮儀課程，而是注重幫助孩子解決現實問題，將禮儀規範滲透到各門課程中。美國孩子從小就被要求在公共場合尊重別人，不能高聲喧嘩，這是從小就要養成的好習慣。一個週末，我的朋友瑪麗帶著她的孩子雷恩到我家玩，一個小插曲讓我很感動。在玩耍過程中，雷恩對我兒子的寶貝機器人表現出極大的興趣，在猶豫一番之後，他問我兒子：「請問我可以和你一起玩它嗎？」瑪麗聽到之後，給了他大大的讚賞：「Ryan, you did a great job!」從這個小小的細節，可以看出美國媽媽對孩子禮節教育的到位。到別人家做客，想要拿什麼東西需徵求主人的同意；想進入主人的臥室，也需要徵求主人的同意。

大部分家長都明白對孩子進行禮儀教育的重要性，但我們的教育常常停留在講道理層面，而缺少了具體的指導，也忽略了一些重要的細節，比如說「必須經他人同意才能動別人的東西」這類禮節要求。那麼，如何才能培養出懂禮貌的孩子呢？在這裡，我分享禮儀教育的幾個要點。

1 制定關於禮貌的規則

家長要想孩子懂禮貌，首先需要為孩子劃清界限，讓他們知道什麼是「可以」，什麼是「不可以」。我們家長要給孩子細節上的指導，在禮貌用語方面，鼓勵孩子多說「請」和「謝謝」。在禮讓行為方面，對孩子制定一定的要求，比如說在公共場所不許大聲喧鬧；在電扶梯上自動靠右站，為有急事的旅客讓出左邊的快速通道；出電梯時主動替還沒有出來的其他人扶住電梯門，讓別人先走；有客人到家裡用餐時，讓客人先入座；在公眾場合進門時主動回頭看，如果後面有人，自動地為後來的人扶住門……

2 誇獎孩子禮貌的行為

孩子都渴望被認同和鼓勵，在他們使用禮貌用語、做出禮讓行為時，我們應及時予以肯定與褒獎。這能在他們心中埋下正能量的小種子，鼓勵他們繼續禮貌待人，禮儀教育也會有最佳效果。

我的好朋友蘇珊就是一個特別好的例子。蘇珊是三個孩子的媽媽，和她認識很多年了，我常常邀請她和她的三個孩子到家裡做客。三個孩子都很有禮貌，進門會自己把鞋子脫掉放在門口，並且會向大人問好。想要玩我兒子的玩具時，會先徵求我兒子或是我的同意：「請問我可以玩這個玩具嗎？」當我拿出好吃的給他們，他們會很有禮貌地說「謝謝」，而且最讓我吃驚的是每次在快要離開之前，三個孩子都會非常自動地把玩過的所有玩具都整理好，物歸原處。

蘇珊就是那種時常把鼓勵和誇獎掛在嘴邊的媽媽。比如說她的孩子主動把吃完的餐具放到洗碗機裡時，她會提高嗓門大聲地說：「Good job」，或者是她的孩子每次到我家快離開時會自覺地把玩過的玩具物歸原處，她會特別興奮對他們說：「Give me five, I am so proud of you.」。

其實不管多小的孩子內心都希望得到別人的認同，尤其是自己父母的認同。如果父母能夠善於從一些小事情上觀察自己的孩子，給予他們正面的鼓勵，誇獎他們的語言和行為有禮貌，孩子一定會越來越有禮貌的。

3 言傳身教

托爾斯泰有句名言：「全部教育，或者說千分之九百九十九的教育都歸結到榜樣上，歸結到父母自己生活的端正和完善上。」

我在序言裡也提到了「言傳身教」的重要性。父母是孩子人生的引路人，父母的言行舉止都深深地影響著自己的孩子。只是教條式地對孩子灌輸禮儀知識是遠遠不夠的，家長更應該以身作則，自己養成這些好的習慣。比如說，當我們需要孩子幫助的時候，記得對孩子說：「請幫我拿一下……」，當孩子幫父母做了事情，父母也應該主動對孩子說：「謝謝」。

孩子是一面鏡子，通過他們可以折射出自己。為人父母的我們，也需要提高自己的禮儀修養，做好表率。每天滿嘴胡話、髒話的父母，怎麼可能教育出彬彬有禮的孩子？對別人都不尊重的父母，怎麼可能培養出尊重別人的好孩子？

這裡所提的禮儀修養並不是多麼遙不可及的東西，而是體現在日常生活的點滴中，夫妻之間的相互尊重便是教育孩子懂禮貌的最好方式。如果我們習慣在伴侶遞來一杯水的時候說聲「謝謝」，耳濡目染下，我們的孩子在接過牛奶的時候肯定也會真誠地說聲「謝謝」！

古人云：「人無禮則不生，事無禮則不成，國家無禮則不寧。」禮儀是人們交往時的一種行為規範，它不僅是道德修養和文化修養的外在表現，而且可令其得到進一步的內在昇華。

我相信家長們都希望自己的孩子養成良好的禮儀習慣，舉手投足間都展現出無窮魅力，成為一個受人歡迎與喜愛的人。所以作為家長的我們，更要時時提醒自己注重禮儀問題，給孩子樹立一個好榜樣。我深信，我們在尊重他人的同時也將收到對方的禮遇，從而避免生活中不必要的小摩擦，使生活變得更加美滿！

逆商力——永不放棄才能走得越來越遠

在我小時候，我的父母就特別重視逆商教育，或者說是在逆境中讓我養成良好的心態。朋友們常常覺得我的心比較大，在別人覺得很困難的時候，我一直能夠抱持比較樂觀的心態，這與父母對我的教育有關，所以我在教育孩子時也很注意這方面的培養。因為我覺得，其實逆商很多時候比智商（IQ）對一個孩子、對一個人來說更重要。

每個父母都希望看到自己的孩子成功，但是教會孩子懂得什麼是失敗也是很重要的。我們經常會說失敗是成功之母，但孩子很難理解，我們其實可以重新去定義失敗，告訴孩子失敗就是不斷地去嘗試，不斷地去努力投入。任何事情不是輕易就能成功的，而且可以這樣說，一個人生命當中的99%可能都是失敗的，成功可能就只是那1%，就是那個瞬間，漫長的時間其實都是在不斷地嘗試，不斷地失敗再不斷地努力的過程。我們要讓孩子知道，其實這個世界上更多的時候人都是處在一個不斷努力、失敗，再努力、再失敗這樣的狀態。我覺得很多孩子或者很多人都是害怕失敗的，特別是小孩子，不能容忍失敗的孩子會特別焦慮。如果一個孩子不能坦然地去接受失敗的話，有可能這個孩子以後會出現更大的問題。

在現代社會，我覺得無論是家長還是孩子，其實都有非常大的壓力，所以，一定要讓孩子知道失敗是一種常態，而成功是極少的一個瞬間，出現失敗是一件非常正常的事情。實際上在勇於嘗試一件新的事物的時候，總是伴隨著失敗，在經過失敗後，有可能有一次成功；但是現在的教育，尤其是中國的教育過程中，父母大多非常功利，父母的這種比較功利或者很焦慮的情緒會傳遞給孩子。其實很多時候，孩子去考試或者去學什麼，父母比孩子更害怕失敗，當父母害怕孩子失敗的焦慮情緒傳遞給孩子時，孩子就會變得更加害怕失敗。

提高孩子的逆商，首先要讓孩子去享受做事情的過程，無論他是在參與新的事情，還是去參加一門考試，讓孩子真正去體會努力付出的過程，這才是最珍貴的。真正努力之後，無論是成功還是失敗，其實這個結果往往就不那麼重要了。在現在的教育環境當中，很多家長十分看重結果，也喜歡拿自家孩子跟別人的孩子比較。越是比較，孩子就越容易害怕失敗。所以，父母一定要調整好自己的心態。透過我和我先生這麼多年的學習也好，工作也好，體悟到其實有時候付出了很多努力，未必就一定有好的結果；但是在這個過程中，任何事情對我們來說都是有意義的，可能短時間內你做的一些事情沒有結果，但是從長遠來看，一定是人生的一筆財富，而這筆財富是任何人都奪走不了的。

我覺得，對孩子進行逆商教育，家長要注意淡化結果，讓孩子享受過程。作為父母來說，應該如何培養孩子的心理素質呢？

第一，我們要做孩子的好榜樣。孩子是父母的影子，父母首先要做好榜樣，如果父母不害怕失敗，勇於不斷地去嘗試新的事情，孩子就會接收這種正面的影響，肯定也會從父母身上學到這種堅韌不拔、永不放棄的精神。

第二，提高孩子的逆商。很多時候需要家長提供孩子一些指導，但不是要家長成為孩子的救世主，幫他把所有的路都鋪平了，或是幫他把所有事情都解決了，而是讓孩子自己去解決問題，這一點非常重要。因為孩子的心態和心理素質是在持續地受挫當中，一點一點建立起來的。比如孩子學彈一首鋼琴曲，一開始不會彈，可能在嘗試幾次以後慢慢就會了。在做一些事情的時候孩子需要不斷地努力，這樣他的自信心就會不斷地建立起來。其實，家長更多的時候應該是給孩子指導，或者建設性的意見，而不是像救世主一樣，孩子一遇到困難，媽媽爸爸就出馬，然後幫他都擺平了，這樣的話非常不利於孩子培養良好的心理素質。

第三，降低或者調整期望值。因為很多時候，人往往會高估自己，計畫做一件事情，可能一開始會設想一個遠大的目標。孩子也是一樣的，比如理想是成為什麼樣的人物，這個路程可能有一百步，但孩子目前只能做一步，所以無論是家長還是孩子，都需要不斷地調整自己的期望值，才能在沒有達到目標的時候不至於很沮喪。

當我的孩子要做一件事情的時候，如果我覺得他設定的目標太遠的話，我會幫他把這件事情分解成很多步，每完成一步，我就會把這個期望值稍微為他提高一點，讓他不斷地從失敗當中建立自信，就這樣不斷地讓孩子經歷很多事情，他的心理素質就會逐步提高。

另外，一些好的電影、書籍對孩子的影響力也是很大的，我記得《絕地救援》（The Martian）這部電影，裡面有一個太空人去火星上執行任務，結果出事了，他一個人被困在火星上，一共被困了五百四十九個火星日，為了生存他嘗試在那裡種馬鈴薯。我自己先去看了以後，覺得這部電影很好看，然後就帶著我兒子去看，他看完後從中學到了一種精神——永不放棄！所以，好的電影、書籍會帶給孩子正面的影響。家長只要有機會，就可以不斷地對孩子灌輸這種永不放棄的精神。

還有，家長要多帶孩子去做一些他覺得自己做不到的事情，這個過程中家長要不斷地鼓勵他。記得在我兒子五歲生日那天，我和我先生帶他去做了一件很有意義的事情——爬三藩市矽谷地區最高的一座山，那座山對於五歲的孩子來說還是很高的，而且最後登頂的一段路很陡峭。當時我兒子真的是連滾帶爬，腳還摔傷了。我們當時也幾乎是連拽帶拖地，一個勁地鼓勵他，當然中途會給他一些小的獎勵。比如「你爬上山頂以後，我們下山給你買一盒巧克力」……，不斷地鼓勵他。他一開始覺得自己不能完成這件事，最後當他爬到山頂的時候，他激動地對我說：「媽媽，我居然爬上來了！」

家長帶領孩子去參與挑戰、讓他去做一些他覺得自己做不到的事情時，要不斷地鼓勵他，不斷地增強他的自信。慢慢地，孩子就會意識到經過努力自己也是可以做到的，以後就會勇於嘗試一些挑戰。

與此同時，當孩子遇到挫折失敗的時候，家長需要設身處地地去同情他、體諒他，盡量做到感同身受。很多時候我會對兒子說：「我知道這件事情真的讓你感到很失望，你想做得更好，但是現在事情已經這樣了，我覺得你得坦然接受這個現實，不過，我相信你還有更多的機會來做這樣的事情。」有一天，兒子在看電視轉播球賽，最後有一隊輸了，我就問兒子：「你看這個隊輸了，隊友很沮喪地在那裡哭，如果是你的話，你會怎麼樣？」我兒子就特別鄭重地說了一句：「雖然這個隊輸了，但是他們表現得很好啊，況且又不是世界末日，他們以後仍然有機會的。」我那天真的非常高興，覺得在我不斷傳遞的逆商教育中，兒子懂得了什麼是永不放棄的精神，所以他會覺得那個球隊失敗了並不意味著就是世界末日，他們仍然有機會。我兒子現在在這一點上心態很好，我經常不斷地對他強調：「其實很多時候，只要你有生命在，只要你活著，你就永遠有機會。在任何時候你都不能被眼前的困難和挫折打倒。任何時候你只要永不放棄，就永遠有機會重新站起來。」

很多時候，父母可以為孩子講一些自己以前失敗的經歷和例子，因為在孩子的眼中，父母是無所不能的，他們會覺得父母什麼都會、什麼都懂，但是其實他們不知道，父母也是經歷過無數的失敗，像我和我先生也是經歷過無數的失敗，最後才一步一步走到今天。我們家關係民主，很多時候，我會對孩子講一些自己以前的經歷。我記得有一次他數學考試考得不是很好，只得了七十幾分，他很沮喪，因為他的數學在班上一直是最好的，經常是九十幾分或一百分。我就告訴他，媽媽小時候其實也有考試考得很差的時候，你爸爸也有考試考得很差的時候等等，這都是很正常的。那天他突然說，原來爸爸媽媽也有考得這麼差的時候，他一下子就沒有那麼沮喪了。所以，家長平時可以講一些自己小時候的事情，讓孩子知道其實父母一路走來，也是要經歷很多的失敗、挫折和坎坷，那麼孩子就會受到影響，能坦然地接受挫折了。

總之，就是不要放棄任何一次教育孩子的機會。比如在希拉蕊和川普競選美國總統時，希拉蕊付出了那麼多努力，最後還是失敗了沒有選上，當時我問兒子：「你覺得怎麼樣？」他就覺得，競選過程中的那些演講還是很有意義的。

實際上，孩子在面對困難的時候，有時候會把一些困難想得過大，或者想得特別可怕，所以他就不敢去嘗試，從而故步自封。很多時候我們要和孩子一起來做一些計畫，一步一步地，比如說十步可能達到目標，我們就可以把目標分解成十步，讓孩子首先達到第一步，然後再做第二步，再做第三步，這樣一步一步地去實現他想達到的目標，這樣的話，孩子會覺得其實困難也沒有想像的那麼大。

但是我想強調的一點就是，在培養孩子的逆商或者好的心態的時候，並不是說任何時候都要讓孩子自己面對，當孩子需要我們的時候，家長要堅持和孩子站在一條陣線上。當遭遇的失敗帶給孩子極大的委屈或者恥辱，家長需要向孩子伸出援助之手。舉個例子，如果孩子忘了帶校服或是發生了其他事情，如果這件事情會讓他很尷尬或者很難受，那麼這個時候家長其實沒必要讓他出醜，只為了讓他接受教訓、長個記性。我的孩子也曾經忘記帶校服，我看出那天他很難受、很難堪，這個時候就不需要在這件事情上給他教訓，我選擇回家拿衣服送去給他。這樣其實會讓他留下深刻的印象，他會覺得媽媽始終站在他的身後支持他，因為印象特別深刻，所以從那以後，我的孩子再也沒有出現過忘記帶校服去學校的事情了。

還有，當孩子遇到危險的時候，比如游泳或是一些比較危險的情況，這時並不是提高逆商的時機，孩子一旦需要家長，家長就要及時給予幫助。在美國學校裡也有一些霸淩現象——孩子在學校裡被別的孩子欺負，這種時刻父母應該勇敢地站在孩子的身邊替孩子說話，讓孩子覺得父母是永遠跟他站在一起的，是他的堅強後盾，這樣的情形就不是提高孩子逆商的時間點。家長可以給孩子一些建議，比如說等孩子回到家，可以問他，如果下次再遇到這樣的情況，爸爸媽媽不在身邊的話他會怎麼做？或者當他與別的孩子產生衝突時，家長可以在旁邊靜靜地觀察，如果只是孩子之間正常的衝突，就可以讓孩子自己解決。如果涉及孩子的安全時，父母就要好好地保護他。擁有好心態的孩子，才能在百折不撓、永不放棄的信念下，走得越來越遠，只有這樣的人，才能真正成功。

提高孩子的逆商真的非常重要，家長應該從生活中的小地方入手，不錯過任何一個機會，哪怕是帶他看一部電影，或者是一本書，都要傳遞給孩子一個觀念——永不放棄的精神是最可貴的。

情商力——讓孩子學會控制情緒

我的很多文章裡都強調，孩子其實是父母的影子，所以要教會孩子如何控制情緒，父母要先學會控制情緒。實際上孩子的很多行為舉止都是模仿和學習大人的，如果家長自己都沒有辦法控制好情緒的話，那如何教孩子控制情緒呢？教孩子控制情緒，我們可以從以下幾個面向做起：

1 要能夠接受孩子的感受，了解孩子的感受。

在遇到同樣一件事情時，大人可能覺得是一件很小的事，但是孩子往往可能會失控，這是因為大人經歷的事情多了，在不斷地經過磨練後，受挫能力就會比孩子強大，能夠接受各種事情。

舉個例子，孩子會因為一件很小的事情，比如因為玩具髒了、壞了，而很生氣、失望，這在大人眼裡就是一件很小的事情，而孩子卻會因為這件事情非常沮喪。因此首先父母要能夠理解孩子的這種感受，這是非常重要的，我們不要以大人的經歷去判斷一個孩子的行為和舉動，而指責孩子因為一個玩具髒了、壞了就控制不了情緒或者大哭大鬧；我們要能夠接受、理解孩子的這種感受，要把自己放在孩子的心智年齡，比如說從幾歲孩子的心智上去感受、去了解他的這種狀態，你就會明白一個玩具對一個孩子來說可能比天還要大，那個玩具對他來說比任何事情都重要。我覺得首先大人要用同理心去感受孩子的處境，你可以回想一下自己小時候的一些狀態，這是極為重要的。

2 教孩子控制情緒的時候，家長與孩子一定要平等地去交流。

比如說，我們跟孩子交流的時候要蹲下來，眼睛要平視，這樣做的好處在於，當你把自己的姿態放低了以後，你會對他的一些舉動感同身受。如果家長站著跟孩子說話，父母是處在一個比較強勢、比較高的位置，那麼孩子就要仰視父母。我記得曾經看過一個實驗，在那個實驗中，實驗者把孩子放在一個高高的椅子上，讓孩子站著或坐著，總之要比家長高，然後讓家長仰視著跟孩子對話。結果這些家長稍微說幾句話，很快就會感覺壓抑。其實換個角度來看，這個實驗可以讓大人看到，我們高高在上地跟孩子說話的時候，孩子是什麼樣的狀態。營造一個平等的交流環境，讓孩子覺得自己是處在和家長對等的情況下，這樣的話，孩子的情緒就比較容易讓父母覺察到。

3 當孩子有負面情緒的時候，要想辦法讓他能夠釋放。

當心愛的玩具壞了，孩子感到很難受的時候，你一定要讓他釋放出負面的情緒，比如說哭一哭。當孩子哭的時候，中國的家長通常會對孩子說「你不要再哭了」，儘管孩子有時能夠停止哭鬧，但這樣做往往會壓抑孩子的情緒。每個人都需要發洩情緒，大人有時候也會這樣，像是媽媽會哭泣，爸爸會發脾氣，這些其實都是在釋放負面的情緒。孩子還小，他釋放負面情緒的方式就是哭鬧，我們要讓孩子有個宣洩的途徑和出口，而不是他一哭的時候，就對他說「不許哭了」「不要再哭了」。

我看過一本書，裡面講到當孩子在釋放負面情緒的時候，可以找一些方法讓孩子在適當的範圍內宣洩，並告訴他哭是不能夠解決問題的，比如找一些軟的東西讓孩子捏，打麵團或絨毛玩具。我通常的作法是給孩子一些時間，告訴他：「你的玩具摔壞了，我知道你很難受，媽媽也能懂你的感受，我知道這個東西對你來說十分重要，你很喜歡。我給你五分鐘哭的時間，你可以盡情地在這五分鐘裡宣洩你的負面情緒；但是在哭完以後，我們要想辦法解決這個問題，因為哭不能解決問題，玩具壞了我們得想辦法解決。」

我們要找到讓孩子情緒失控的那個點，到底是什麼讓孩子失控了？孩子一直在那兒哭總是有原因的，我們要找到這個原因，找到後引導孩子把負面的情緒轉移到具體的事情上，孩子的情緒就會平緩很多。通常我會和孩子一起分析，他剛才情緒一下子失控的原因。我的孩子就會告訴我他很喜歡的一個玩具壞了，問我怎麼辦。我通常會給孩子一些建議，最終讓孩子自己來尋找解決的方法，比如說，第一，找爸爸幫忙修理；第二，可以存錢再去買；第三，去玩別的玩具。總之，就是提供他一些建議，讓他把負面情緒發洩後，把注意力轉移到具體的事情上面，他就不會那麼哭鬧了。

每個人都會有負面情緒，或者很煩、很失控的時候，關鍵是要找到適合自己的減壓方法。比如，在平時可以和孩子列出減壓方法清單，像我的孩子現在已經上小學，比較大一點了，在他情緒不好的時候，難受的時候、悲傷或者憤怒的時候，我會和他一起從減壓清單裡選擇一個方法，一起做一些減壓的活動或能讓他平靜下來的活動。可以選擇坐床上看書，洗個澡，或者聽一個故事，有時候甚至讓他玩一會兒他喜歡玩的遊戲。這個清單可以讓孩子比較積極地花時間去冷卻他的這種負面情緒，如果找到適合孩子的減壓方法，孩子就可以慢慢舒緩自己的壓力。

我覺得其實不光是要孩子學會控制情緒，很多時候家長也需要學會控制自己的情緒。因為現代人壓力都大，工作當中會有很多壓力，回到家裡孩子再鬧脾氣的話，有時候確實很容易失控。上面我說的這些方法同樣也適用於家長，我們自己也可以列一個減壓方法的清單，像我情緒不太好的時候，我會看看書，或者聽聽音樂，或者泡個澡，去健身房跑跑步，這些都是很好的方法。

當然，身為父母，還有一點比較重要的就是，孩子哭鬧的時候，家長要堅守自己的底線。在我們家，有一些事情原則上孩子不能做的，就算他再哭再鬧，我也絕對不會讓步，我會蹲下來跟他講道理，讓他知道他的哭鬧並不能解決問題。父母一定要堅守原則，這樣孩子就會知道這個底線是不能夠逾越的。不能因為孩子哭鬧就步步遷就他，當底線潰敗後，孩子就知道父母是沒有底線的人，這對於孩子來說絕對不是一件好事情。在我的教育理念當中，我會給孩子定一個框，也就是原則或底線，告訴他一些事情是不能逾越原則的，他的行為規範不能跨出這個框框，在這個框框裡我會給孩子最大的自由，他可以在裡面天馬行空地實現他的一些想法。在這個底線之內，孩子基本上可以隨心所欲，比如說餓了、衣服髒了、累了，這些我覺得都是可以接受的，但底線不能逾越，比如不尊重父母，或者撒謊，做一些不好的事情。

綜合以上所述，我覺得要讓孩子學會控制情緒，父母得先學會控制情緒，其次我們要對孩子的情緒感同身受，讓他有個發洩負面能量的途徑。等他發洩一陣子，例如讓他哭了五分鐘、十分鐘以後，再引導他把憤怒的情緒轉移到一件具體的事情上面，給孩子一些建議，跟孩子一起尋找解決問題的方法。家長在平時可以跟孩子共同列出減壓的方法，等到孩子情緒不好的時候就可以透過這些方法，讓他慢慢學會控制和調整情緒。

社交力——獲得成功的軟實力

在生活中，有一些孩子學習成績特別突出，但是他在與人交往的過程中，你常常會覺得這個孩子情商不夠，他說話總是嗆人，其實這是孩子社交能力不足的表現。在中國很多父母比較看重孩子的學習成績，而不怎麼注重培養孩子的社交能力。一個孩子要想未來獲得成功，社交能力是一個非常重要的素養。

一個孩子如果沒有一定的社交能力，他在受關注度方面會相對地缺失不少。孩子其實是通過看父母說「謝謝」或者「請」的時候，來學會最初的社交方式，所以，父母是培養孩子社交能力的第一位老師。社交技巧其實遠遠不只是跟人交流這麼簡單，它會影響到孩子在學校裡交朋友，甚至在學校裡得到大家的認可和喜歡。說得長遠一點，在以後的工作當中，社交能力從某種程度上來說是一種軟實力。

我們經常看到一些人，他們平時在跟人交往的時候，說話說得特別多，一個人滔滔不絕地說話，總是不給別人發言的機會，也不太能夠理解別人的表情，別人高興或是不高興的時候，他都察覺不到。這樣的人往往不是一個好的傾聽者，因為他不能體諒別人的感受，這其實是缺乏社交能力或社交技巧的表現，在社會上，這樣的人還是很多見的。

而另一種相反的情況則是，在很多人的場合，有一些人異常沉默，不善言辭，或者不知道怎麼表達自己的意見，這也是社交能力欠缺的表現。

在合適的場合，得體地表達自己的觀點，是每個孩子都應該具備的基本素質。很多家長會說：「我的孩子天生性格比較內向，不善言辭……」，其實社交能力或社交技巧是可以透過訓練提升的。美國家長非常重視訓練孩子的社交技巧，他們覺得除了知識以外，社交能力對於孩子來說也是軟實力的重要體現。

美國教育中一直很強調要尊重孩子。在孩子很小的時候，父母就會用眼神與嬰兒進行交流，這對孩子來說是非常重要的。等孩子稍微大一點的時候，父母會蹲下來和孩子說話，與孩子的眼睛保持平視的狀態。與人交流的時候眼睛看著對方，這是非常重要的社交技巧。我們有時候看到一些孩子說話時不看對方的眼睛，他的眼神是飄忽的，這樣的孩子內心可能缺乏安全感，或者說明他不太自信。非常自信的人都可以大膽地、認真地看著對方的眼睛說話。

那麼如何培養孩子正確地與人交流呢？這裡有一個小方法，孩子如果一開始害怕看著別人的眼睛對話，家長可以讓他們對著鏡子看著自己的額頭說話，或者家長在自己的額頭上貼一張貼紙，這個貼紙可以是任何形狀，比如眼睛的形狀，讓孩子看著家長額頭上的貼紙說話。這是一個比較好的訓練方法，經過一段時間的訓練，孩子就能夠大膽地去看著別人的眼睛說話了。

家長是孩子的第一位老師，所以孩子的社交能力也是從家長身上模仿來的。如果家長是一個好的傾聽者，能夠對別人感同身受，或者會給別人很多說話的機會，並且在與別人交流時經常使用一些敬語，比如說「謝謝」「請」這樣的用語，孩子也是會模仿的。

另外，家長要多帶孩子前往公眾場合。在美國，家長從孩子很小的時候就會帶他們去公共圖書館，在公共圖書館裡面有很多人，孩子可以跟不同的人進行交流，就算孩子還沒到說話的年齡，帶他去這種公眾場合，他也可以在實際生活中學習與不同年齡的人交流，一開始可能只是肢體語言，但是這也是培養社交能力的一個基礎。

從幼兒園開始，美國就會有一些社交課程或社交訓練。比如像我上面提到的在額頭上貼貼紙的方法，看一個人是厭煩還是高興，或者煩躁不安，從面部表情上是能夠看出來的，有社交能力的孩子或大人可以敏感地捕捉到這些面部表情。

在美國，幼兒園老師會給孩子看很多表情圖畫，然後讓孩子來認識圖畫上的人是笑還是哭，讓孩子感知愉悅的表情、憤怒的表情和傷心的表情是什麼樣子的，慢慢地，孩子就能夠從別人的面部表情中感知更多的資訊了。

如果孩子嚴重缺乏社交技巧，還會有一些社交技巧訓練小組幫助他們提升這樣的能力。這些社交技巧訓練小組通常都是比較小的團隊，由一位老師或成年人來帶隊，帶領差不多年齡層的孩子組成小組進行培訓。在這個小組當中，孩子們可以互相交流，結交朋友，然後一起學習解決問題的辦法。通常在最開始的時候會讓孩子彼此先問候對方，在互相問候對方的過程中逐漸加深彼此之間的了解，接著會讓孩子們就一個他們都比較感興趣的話題開始討論，討論後要互相看別人的反應，透過大家的反應再進行更深入的對話。在整個交流過程中，如果他們遇到一些問題，這個時候老師或是小組的成年人，就會給予他們一定的幫助。

讓孩子知道除了面部表情能夠表達一個人的情緒以外，還有很多的肢體語言也是可以表達情緒的。比如說一個人不斷地玩弄自己的手指頭，可能說明這個人有點不耐煩；或者一個人東張西望，可能他已經感到著急了，其實這些方面都是可以透過訓練教會孩子的。社交技巧和能力，在美國非常受重視，經常有人會說，考試分數是一種硬實力，但是現在歐美的教育越來越重視對孩子軟實力的培養。因為一個孩子長大了必然要走向社會，而這種軟實力才是決定一個孩子未來是不是能夠走得更遠，能夠成功的更重要因素。

培養孩子的情商，讓孩子學會與人打交道在現代社會顯得非常重要。在中國，可能很多家長只要求孩子成績好就可以了，但我覺得培養孩子的社交能力也非常重要。家長可以多帶孩子去一些公眾場合，讓他們多交朋友，同時要注意觀察自己的孩子在跟別人交流時是什麼樣的狀態？尤其是在跟他們的同齡人交流時，是不是會有一些衝突？孩子是如何平息這種衝突的？他在整個交流過程中扮演什麼樣的角色？他是不是一個好的傾聽者？他是不是用一種恰當的方法跟別人交流和分享資訊？他會不會突然打斷別人說話等等。如果發現自己的孩子經常跟別人發生語言或者肢體上的衝突，或者有其他方面的問題，那麼家長應該重視，而不是自我安慰可能是孩子脾氣不好，或者性格比較內向等等。作為家長，如果發現孩子出現這樣的情況，應該正視這個問題——自己的孩子在社交技巧方面比較缺乏。我相信只有家長足夠重視這個問題，透過一定的訓練來培養孩子的社交能力，孩子以後步入社會和在未來的工作當中，才能更有效地和別人合作，而這樣的孩子也才更能全面地發展。

領導力——讓孩子陽光、自信

美國每四年一屆的總統大選都會進行現場辯論會，這個辯論會也變成了美國人茶餘飯後津津樂道的話題。美國總統的演講能力是大家有目共睹的，他們不僅可以不需要稿紙連續說上兩個小時，而且演講時的風度、體態、肢體語言也都表現得相當完美。

美國孩子常常給人一種很陽光、很自信的感覺，其實這種自信來自於整個美國教育理念中從小就開始重視的領導力培養。

其實每個孩子在他的一生中都有在某個方面成為領導者的潛力。當然，美國教育中對領導者的定義並不像中國——領導者就是我們通常理解的職位高、有權利的人。美國教育中定義的領導者是很廣泛的，它來自不同的背景、領域和多樣的性格，有些領導者可能隨和友善，而有些可能相對冷靜客觀。

雖然每個孩子的個性不同、成長環境各異，但是毋庸置疑，領導力是可以培養的。父母是孩子人生的引路人，許多成功的領導者也都坦言，他們的領導力最初都來自於父母的教導和影響。

美國教育非常重視領導力的培養，而且很多方法也非常值得中國的學校和家長學習，那麼美國是如何從小培養孩子們的領導力呢？

方法1——學會與人溝通

溝通就是說話，雖然聽起來簡單，但是其實要真正做好並不容易。一個好的領導者，一定是善於與人溝通的高手。

溝通技巧是可以訓練的。孩子從出生開始，就在不斷地學習與人溝通，不會說話之前，用各種肢體語言表達和溝通；咿呀學語後，開始學習用語言溝通。

我看過一篇文章，題目叫〈所謂夫妻恩愛就是好好說話〉。我想這句話也可以套用在父母和孩子的溝通交流上，孩子聽話的時候，父母可以做到好好說話，但是孩子調皮搗蛋、考試不及格的時候，父母是否還能做到和他們心平氣和地說話呢？

我是朋友圈裡出了名的「放養媽」，我覺得自己做得最好，並且一直堅持做的一件事就是始終和孩子保持平等的溝通。什麼叫平等的溝通？就是始終把孩子放在一個和你平等的位置，當作一個獨立的個體來思考和對話。在他們很小的時候，我就開始「蹲」下來和他們對話——目光平視，眼睛看著對方。一開始我的孩子和我說話時，眼神總是東張西望。我會告訴他，和別人說話的時候，眼睛看著對方是對別人的尊重，看著別人的眼睛說話，也更能夠透過眼神傳達更多的資訊。

美國教育裡特別強調，父母要和孩子保持平等的對話和溝通，父母不要用一種居高臨下、趾高氣揚的語氣和孩子說話；當孩子犯錯時，要角色互換地站在孩子的角度去思考，而在這樣的家庭環境下成長的孩子，長大後也更容易設身處地地為別人著想，成為領導者。

方法2——學會傾聽

一個好的領導者也一定是個善於傾聽的人。美國從幼兒園開始，就非常強調孩子要做一個好的聽眾，幼兒園的老師會教孩子通過以下幾點來學習：臉面向前方↓眼睛看著說話者↓手放在膝蓋上↓兩腿交叉放平↓舉手回答問題↓認真思考所聽到的內容。

一個好的領導者，並不一定在任何時候都要掌握話語權，總是誇誇其談。學會傾聽別人的意見，在合適的時機表達自己的觀點，是美國教育中非常強調的一點。學會傾聽是尊重他人的表現，更是從他人觀點中不斷完善自我觀點的過程。

方法3——學會團隊合作

美國教育非常強調團隊合作。團隊合作是美國孩子時常掛在嘴邊的一個詞，「個人英雄」在美國教育裡並不提倡，而事實上任何人的成功都離不開團隊的合作，美國從幼兒園到大學，學生都要集體完成一個又一個的專案。

小到集體做一個小手工，大到研發一種新產品。美國教育裡有一個專門的詞叫作PBL（Project Based Learning），就是以專案或專題形式為基礎的學習，而團隊合作是專案學習的基礎。在一個團隊裡，每個人的角色是不同的，有領導者就必然有跟隨者，而每個孩子的才能也是不一樣的，在這個專案裡的跟隨者可能就是另一個專案的領導者。

我記得自己剛到美國史丹佛大學上學的第一個學期，我和幾個學生物的同學一起做一個專案。

對於生物，我完全是個門外漢，所以在那個專案中，我始終扮演著跟隨者的角色。我們的專案負責人安排我做什麼，我就做什麼；但是我一直注意學習他是如何安排每個人的工作，發揮每個人的特長，追蹤整個專案的進度，協調專案中有可能出現的問題。當那個專案完成時，我也從中學到很多，後來當遇到我擅長領域的專案時，我自然而然就成了領導者。

刻苦學習、學識豐富的「學霸」未必就是好的領導者，一個好的領導者一定是一個好的合作者，這是美國教育從幼兒園開始就有意識地傳遞給孩子的理念。

方法4——學會控制情緒

一個好的領導者在遇到事情的時候，必定是客觀、冷靜的，這一點別說孩子，其實對大人來說都是不容易的。孩子在成長的過程中，經常會遇到各式各樣的困難，也常常會出現情緒失控的情況。美國老師強調，在孩子情緒失控的時候不要試圖和他們講道理，孩子在發脾氣時講任何道理他們都是聽不進去的，這個時候和他們講道理只會火上澆油，越小的孩子越容易因為一些很小的事情而情緒失控。我通常採取的作法是在我兒子情緒失控的時候，把他帶到自己的房間或是沒有人的地方，先讓他冷靜下來。當然孩子有時也需要透過哭來宣洩自己的情緒，我會告訴他：「你可以用哭來宣洩自己的情緒，但是哭並不能解決實際問題。我給你五分鐘宣洩的時間，但是五分鐘以後，我希望你能夠平靜下來和我討論這件事情的解決方案。」

把孩子的注意力從失控的情緒中轉移到具體問題的解決方案上是一個立竿見影的方法。我通常會讓孩子先告訴我發生了什麼事情，是哪一步讓他突然很難受，幫助孩子分析事情的來龍去脈，他有哪些選擇，每一種選擇會有什麼樣的後果，而他是否能夠承受這個後果。

領導者總是會面對不同的困難，面臨各式各樣的選擇。讓孩子控制情緒，冷靜、客觀地做出選擇，是每個父母應該教會孩子的。

方法5——培養責任感

無數成功者的例子告訴我們，一個好的領導者要比一般人承擔更多的責任和更大的壓力，因此培養孩子的領導力，一定要讓他們知道未來必定會接受更多的挑戰，承擔更多的責任。培養孩子的責任感可以從一些小事做起，比如說協助孩子制定一個相對容易實現的目標，或是讓他幫助父母做一些力所能及的家務，都是培養孩子責任感的好方法。

責任感也意味著「言必信，行必果」，答應的事情就一定要做到。美國教育強調，父母不要對孩子輕易承諾，但是一旦承諾就要想盡辦法做到，美國老師強調，如果父母不能做到的事情，就不要對孩子開空頭支票，因為父母的每一句承諾，孩子都會牢記在心，一旦不能實現，久而久之，孩子也會養成沒有擔當的習慣。父母可以幫助孩子一起制定計劃，並加以實施，這也是培養孩子領導力的好方法。

方法6——培養公開場合的演講能力

在美國，大至美國總統，小至一個班長的產生，都要透過演講來實現。美國從幼兒園開始就非常注重孩子在公開場合的演講能力，每個學期孩子都有公開演講（public speaking）的課程，而每做完一個專案，學生都要做專案報告（presentation）。

公開演講的能力是可以通過訓練培養的。從幼兒園開始，每週的講故事時間，老師都會邀請一名同學充當小老師，我記得兒子第一次被選上當小老師的時候，他非常緊張，很擔心自己做不好，對我說：「媽媽，我覺得我站在台上一定會臉紅心跳，腦子裡一片空白的。」於是我在家裡和他進行了好幾次的模擬，從每一句話的停頓到要配合什麼樣的肢體語言，反反覆覆練習幾次後，兒子變得越來越自信了。這樣做的目的是幫助孩子建立自信，同時幫助他預測如果發生狀況時如何去應對。

其實，大多數人在公開場合講話都會出現或多或少的怯場情況，多鼓勵孩子、多創造講話的機會，並且告訴他們就算沒做好也沒有什麼大不了的，每個人都會怯場，不斷地幫助孩子建立自信心，相信孩子就會不斷地進步。

一個好的領導者一定是一個好的演說家，美國強調訓練孩子公開演講的能力，不僅是對他們心理素質的培養，更是希望孩子能夠勇敢地表達自己的意見。

方法7——訓練談判技巧

中國教育強調孩子在家要聽父母的話，在學校要聽老師的話；美國教育強調任何事情都可以商量或談判（negotiation）。談判的對象可以是父母，可以是老師、教授，甚至是任何權威。我還記得兒子讀一年級的時候，有一天他回來高興地告訴我：「媽媽，老師今天本來要批評我的，結果最後表揚了我。」原來是他在課堂上說話，本來老師要給他一個小小的懲罰，但是兒子居然大膽地跟老師說：「老師，我錯了，您能夠再給我一次機會嗎？」老師對於他的這個請求很痛快地答應了。

打破條條框框，允許孩子挑戰權威，勇於表達出自己的不同意見，這也是美國教育中訓練孩子領導力很重要的一項。

寫了這麼多關於如何培養孩子領導力的內容，但是細細想來，這個世界上未必人人都能夠成為領導者。每個孩子的性格不同，未來的人生軌跡也各異，但是我想學會與人溝通，學會團隊合作，能夠控制情緒，做一個有責任感的人，勇於在公開場合演講，訓練孩子的談判技巧，無論未來是成為領導者還是合作者，對於孩子來說都是非常重要的。作為父母，縱然我們有無數的夢想希望由他們去實現，但是請記住，每一個孩子都是完全獨立的個體，他們有自己的想法，也有自己未來的人生道路，父母所能做的就是給予他們正確的引導，無論未來是一個領導者，還是一個合作者，讓他們去做自己，去追逐自己的夢想，我們終將為他們感到驕傲和自豪！

表達力──「秀」出來，才能讓人看見

在美國，每四年一度的總統大選都需要經過很多輪的候選人電視辯論。這是美國政治生活中的盛事，候選人透過現場直播的辯論，向選民傳達他們的政治理念、執政綱領，以此來打動人心，拉選票。

雖然美國總統大選離我們很遙遠，但是從兩黨候選人的唇槍舌劍中不難看出，這種在公開場合演講的能力不是一天兩天就能夠練就的。

在美國，從幼兒園開始，孩子們就要開始系統性地訓練演講能力了。小到一個小學班級選班長，大到總統候選人電視辯論，美國人的演講能力是有目共睹的，他們不僅可以不需要稿紙連續說上幾個小時，而且演講時的風度、體態、肢體語言也都表現得相當完美。

領袖人物似乎離我們的生活很遙遠，但是知道如何表達自己的觀點，對孩子們的成長而言是必不可少的。敢於在公眾面前表達自我，是孩子們得到認可的第一步！

下面我就來為大家介紹一下，在美國是如何培養孩子的演講能力的。一想到要在一群人面前發言，我想很多大人都會發怵吧，更何況孩子了。

究其根本，是演講的能力沒有跟上。有的孩子是沒什麼想法，在大家面前不知道說什麼；有的孩子有想法，但是害怕；還有的孩子會說也敢說，但是卻得不到大家的認同。如何提高演講能力，還得對症下藥。

培養思考能力是根本

1 有從日常積累知識

在美國教育的教育理念裡，閱讀、寫作、演講是一脈相承的。

艾米，是我一個同事的孩子，我第一次見她，就覺得這個孩子很有自己的想法，無論提到什麼話題艾米都能提出自己的見解，雖然不一定是「正確」的，但都能讓人耳目一新。我就向同事「取經」，原來艾米非常喜歡閱讀，閱讀涉獵的範圍也非常廣，「書中自有顏如玉，書中自有黃金屋」。通過閱讀，艾米積累了大量的課外知識，也使得她對問題都有自己的思考想法。

2 美國課堂的討論練習

除了知識的積累，良好的表達能力是演講的另一個關鍵，而這就需要多說多練。在美國的課堂上，老師常做小型的班級演講來鍛鍊孩子的演講能力。「Show and Tell」（陳述）是最常見的形式之一，老師讓孩子把自己覺得新奇或喜歡的事物帶到課堂上，然後圍繞這個話題展開陳述。老師會建議孩子通過 5W1H 分析法：即 What（什麼）、Who（誰）、Where（何地）、When（何時）、Why（為什麼）、How（如何）來展開講述，讓孩子有序可循。之後，老師還會讓孩子進行訪談式的對話，來進一步增強孩子們的溝通能力。

3 演講的法寶——心智圖

心智圖在演講時有著神奇的效果。5W1H分析法結合心智圖，可以更清晰地把孩子的思路整理出來。

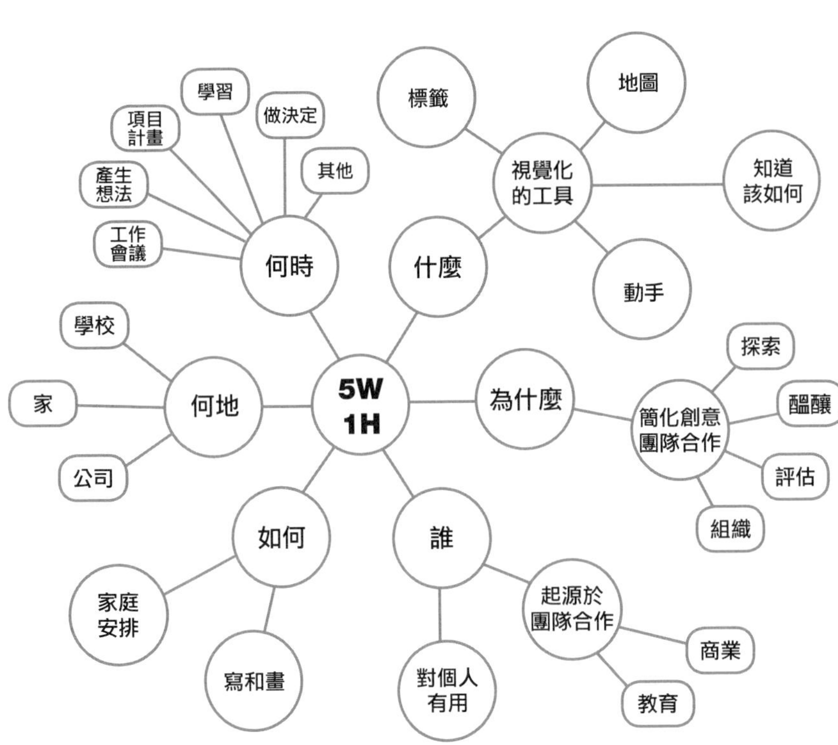

孩子怯場，家長宜「拉」不宜「推」

很多家長把孩子不敢在公共場合說話歸結為孩子比較內向、害羞，但事實並非如此。

內向本身並沒有錯，內向或外向是不同人與生俱來的一種特質，外向的人可能更活潑，內向的人則更專注，兩者沒有好壞之分。內向與否，與孩子是否想表達自我沒有直接的關係。實際上，也有很多優秀的演說家是內向的人。

內向的孩子之所以給人留下不敢表達的印象，或許是因為他們對自己的感受程度更高，所以當他們感受到害怕冷場，害怕惹人嘲笑的時候，就更不願意去表達；但這已經不是內向的問題，而是孩子過分恐懼、害怕失敗的問題。通俗地說，很可能是因為之前受到否定或嘲笑而有了表達的心理陰影。

我舉一個我好朋友的例子。

她有一個五歲的女兒，因為我經常到她家做客，和小朋友關係也很好，所以孩子很喜歡唱歌給我聽；但慢慢地，我發現這個孩子從來不在人多的時候唱。我和朋友提起這事才知道，這個孩子有一次在班上唱歌唱到一半忘詞了，班上其他孩子就開始起鬨，喝倒彩。小姑娘本來話就不多，被這麼一鬧，當時就哭了。老師也沒有多說什麼，就讓孩子回到位子上，從此，小姑娘就不輕易開口唱歌了。

我聽完覺得奇怪，就問朋友，難道沒有採取過措施，讓孩子再嘗試看看嗎？孩子有這種心態，大人肯定需要幫忙調整。朋友說，鼓勵了也沒效果。比如，當有朋友聚會或家裡聚餐時，她就會讓孩子出來唱個歌。可問題是，自己越把孩子往眾人面前推，孩子越是退縮，死活不肯唱，結果大家也很尷尬，慢慢地就算了。

我一聽，就覺得朋友真是聰明一世，糊塗一時啊。鼓勵孩子不應該用「推」，而應該用「拉」，應該是站在平等的角度去引導，而不是自上而下的命令。朋友聽了我的說法恍然大悟，後來「拉」了孩子一把，孩子也就慢慢地打開了心結。此後，在接下來的一次聚會中，朋友又再提起「唱歌」這件事，但她沒有讓孩子唱，而是讓孩子選首歌讓她這個媽媽來唱（孩子選的歌，孩子自己肯定也比較熟悉），唱到一半時，朋友假裝忘了詞，讓孩子幫忙提醒自己，但還是唱得斷斷續續的。接著，朋友就藉機讓孩子給自己幫唱，一曲唱完，孩子也唱開了，最後贏得了大家的喝彩，孩子也重新有了自信。

演講的技巧，為發言加分

身體語言中包含了大量的資訊，而這裡就蘊含著演講的技巧。像希拉蕊競選總統的演講，你會發現，她的每一個動作都恰到好處，什麼時候微笑、什麼時候抬起手都有講究，她背後可是有一個團隊專門為她出謀劃策的。

關於演講技巧，總結起來，主要有以下幾點：

1 聲息／聲音

我把聲息分為三個層次：聽見，聽懂，聽得舒服。

(1) 聽見——音量能讓大家聽到；

(2) 聽懂——說得慢一點、清晰一點；

(3) 聽得舒服——有重點、有停頓，可以通過朗讀、速讀、練習發聲、呼吸調節等方式去訓練發音、語速、氣息。

此外，還有一個小竅門，就是讓孩子把自己的聲音錄下來，家長和孩子一起分析優缺點，改善效果會很好。

如果大家注意留心就會發現，其實美國的總統在公開演講的時候，語速都非常慢。以美國的前任總統歐巴馬為例，他演講的時候，一定是把每一個單字的發音都發得非常清楚和飽滿，盡量用短句，並且在需要強調的時候給予一定的停頓。

而反觀美國很多文化程度不高的人，說話語速卻非常快，並且常常用很多的連讀，在該強調的時候一帶而過。這樣的交流最大的壞處是會讓聽眾遺漏掉非常多有用的資訊。

我以前是從事媒體工作的，在中國傳媒大學讀了本科和碩士，有普通話最高等級的證書。當初在學校訓練普通話的時候，老師也不斷強調每個字的發音需要足夠清楚和飽滿。

2 姿態與眼神

站直會顯得自信，手勢會讓演講更自然！用手做一些輔助的肢體動作也會讓聽眾獲得更多的有用資訊。

除此之外，眼睛是心靈的窗戶，與聽眾保持眼神交流，目光直視而不是眼神飄忽、躲閃，都會傳達出更多的有用資訊。

3 精神面貌

飽滿的精神面貌會讓演講更具感染力，合適的服裝、造型都會為整個演講加分不少。以美國民主黨候選人希拉蕊為例，雖然她已經年過半百，但是每次公開場合她的著裝搭配都是非常得體的。

如何幫助孩子準備一場演講

1 梳理演講前的基本問題

演講的內容當然還是得交給孩子自己，家長必要時可以幫助孩子梳理演講前的基本問題：

(1) 目的是什麼？

(2) 聽眾是誰？

(3) 他們喜歡聽什麼？（利害相關的、滿足好奇心的、輕鬆愉悅的）。

2 準備準備再準備

正如前面提到的，聽眾喜歡聽利害相關的，能滿足好奇心的、輕鬆愉悅的，因此幫孩子準備有趣的演講道具，會為演講加分。

3 練習練習再練習

孩子對演講肯定還是會焦慮的，所以，最重要的是練習，幫助孩子多排練幾遍，消除孩子過度的緊張情緒。

我的大兒子每週都會有一次演講課，需要孩子們按照老師的要求就一個主題上台去表達自己的觀點。通常我會和孩子一起在家裡練習，包括他每句話的重音、合適的手勢。這樣的結果是孩子會越來越有信心，有時他的表現常常帶給我很大的驚喜。

冰凍三尺，非一日之寒。有了好的方法，還必須付諸實踐並經常練習才能練就好的演講能力，但關鍵還是要對症下藥。我們的孩子未來將面對越來越多的挑戰，讓他們在公開場合勇於表達自己的觀點，增加他們的自信心，相信孩子們一定會帶給我們越來越多的驚喜！

創造力——每個孩子都可以成為小小科學家

美國小學裡學的「科學」這門課，有點類似於我們小時候的自然課，但是實際內容又比「自然」豐富得多。我大致翻看了一下他們的課本，內容真是豐富多彩，包含了植物、動物、地球、天氣、天空、物質、能量，涉及生命科學、地球科學及物理科學等內容，內容都不深，但是卻梳理得很清楚。我覺得作為一個低年級的小朋友，能夠對生活的地球有基本的認識和了解，對於他們的成長還是很好的。

我努力回憶以前上自然課的情景，但是更多的記憶是自然課被「主科老師」要走了，我不知道現在中國的孩子是否還和我們那時一樣，自然課作為「副科」，常常屬於可有可無的狀態；一旦主科老師，也就是語文、數學老師需要補課，首先想到的就是占用自然課的時間。

美國的小孩子從幼兒園就已經開始接觸「科學」這門課了，他們不僅學習書本上的知識，而且還通過實踐親身體會和理解這些知識。我記得兒子在上幼兒園時就時常把植物或者標本帶回家，有時是自己動手種的一棵向日葵，有時是用各種植物做的小手工。

美國的小學每學期都會有社會實踐課，被稱為「field trip」。老師會帶領小朋友去農場、動物園真實地感受大自然，尤為重要的一點是，美國學校非常強調動手能力，兒子常常帶回一些他自己在學校做的手工作品，很多利用日常用品做出來的小玩意真的充滿了「奇思妙想」，我想這也是美國的孩子越成長越富有創造力的原因吧。

看一看他們關於「自然資源」（natural resources）的試卷後，相信中國的家長會對美國的科學教育有深刻的認識。

第一題：什麼是自然資源？

第二題：舉個例子來說明如何使用這些自然資源。

第三題：舉個例子說明如何利用植物讓我們的生活變得更好。

第四題：關於污染。

第五題：關於回收。

從上面的「自然資源」測驗可以看出，美國孩子的環保意識是從小養成的，我覺得這一點很棒！我兒子很小就知道垃圾要分類，要節約用水。這種在學校裡所受到的教育，我想對孩子一生都會有影響吧。

人人都可以成為小科學家，這是美式教育從小對孩子傳達的理念。當然成為科學家並不是那麼容易的，首先需要一些科學的技能和運用科學的方法；其次要學會計畫，並且不斷地調整自己的方案，當然在做科學實驗的時候，還需要懂得如何保護自己。

時間管理能力——用心智圖克服拖延症

每當新學期開始的時候，孩子們就要從「悠長假期」轉換到「忙碌學習」的模式了。很多人感歎：「開學第一週，真是累成狗啊！我家孩子把一個假期的作業全部積到最後兩天來做，我還得陪著他熬夜。新學期的學習任務又加重了，舊帳還沒補上，新帳又來了，怎麼辦啊？」

孩子不按時完成假期作業，拖到最後再來趕是普遍現象。因為對孩子來說，忙碌學習了一個學期，長假的到來會讓他們忘乎所以，完全忽略了還有假期作業需要完成。除此之外，假期的各種才藝班或是全家的旅行計畫，也會讓他們對假期作業視而不見。

但是還有一個更重要的原因則是，孩子不會合理地安排利用自己的假期時間，總覺得假期還長，有的是時間完成作業，可是假期一轉眼就沒了，其實這就是我們所說的——拖延症，不僅孩子有拖延症，很多大人也有拖延症。

新的學期開始了，時間可謂是爭分奪秒，面對「睡眼惺忪，思緒飄蕩，作業拖沓」，完全沒有進入狀態的孩子們，我想很多家長體內的「洪荒之力」都在不斷地蓄積吧。

面對孩子的磨蹭、拖拖拉拉，早上起床、早餐戰役和晚上做作業的過招，也讓家裡的戰爭不斷地升級。有些家長問我：「面對孩子的磨蹭、拖延症，我真的很難心平氣和，無法做到淡定，中國的家長對此通常是催促加吼叫，美國的家長是不是也這樣，有沒有更好的辦法？」

我想說的是，其實沒有哪個孩子不磨蹭，那就是孩子的節奏，帶孩子就彷彿牽著蝸牛去散步，你能做的只有等待，因為你永遠改變不了蝸牛的節奏；但是在現實生活中，孩子不是蝸牛，所以家長們總想改變他們的節奏，蝸牛只有跑得更快才能追上烏龜，而烏龜只有跑得更快才能追上兔子……

美國家長在面對孩子磨蹭時，有時也是很崩潰的。我在史丹佛大學讀書的時候，曾經和學校裡一個教育學院的教授探討過這個問題。二〇一六年，史丹佛大學的教育學排名全美第一，而我的這個教授朋友所做的正是「兒童行為與心理」方面的研究。

她這樣對我說：「其實我們成年人按照自己的節奏去要求孩子是不公平的，但是放任不管顯然也是不對的。在理解和尊重孩子的基礎上，和他們一起制定行之有效的方案是幫助孩子克服拖延症的最好辦法！」她還向我強調，這個計畫一定要和孩子一起制定，而不是家長一廂情願地自己去制定，而且這個計畫要的確可行，不是一味地好高騖遠。

比如說，家長希望孩子每天早上五點起床開始背單字，這樣的計畫明顯就沒有考慮到孩子的睡眠需求；如果孩子頭一天晚上做作業做到很晚，第二天沒有充足的睡眠，就會影響他一整天的學習效率。那麼家長如何幫助孩子克服磨蹭、拖延的習慣呢？我總結歸納了一些好的方法，大家可以結合我下一篇文章裡提到的培養孩子邏輯能力的「心智圖」來使用。（見第65頁）

第一步，我們可以借助圓圖（circle map）和孩子一起列出他們一天中所要做的事。

孩子的思緒通常是比較發散的，也就是我們常說的「想到什麼做什麼」，很難有全域觀。和孩子一起把他們一天中所要做的事情都用圓圖的形式列舉出來，孩子會說：「哇，原來我每天需要做這麼多事情啊！」他們就會有個直覺的整體概念。

第二步，用括弧圖（brace map）把一天當中要做的事情列舉出來。

第三步，用流程圖（flow map）把一天中要做的事畫出來。

和孩子一起做出切實可行的計畫並不是件容易的事情，這需要家長和孩子耐心溝通，幫助他們整理思路。計畫的執行可以靈活處理，在執行過程中可以不斷進行調整。

如果在執行過程中出現時間不足的情況，根據事情的重要程度可以做出取捨，比如說當天作業太多，可以把看動

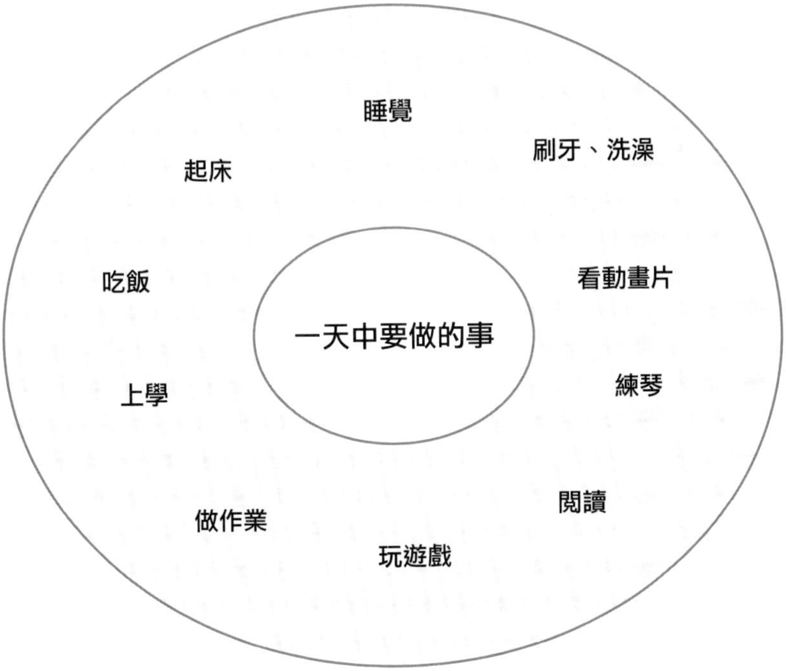

一天中要做的事

起床
吃飯
上學
做作業
玩遊戲
閱讀
練琴
看動畫片
刷牙、洗澡
睡覺

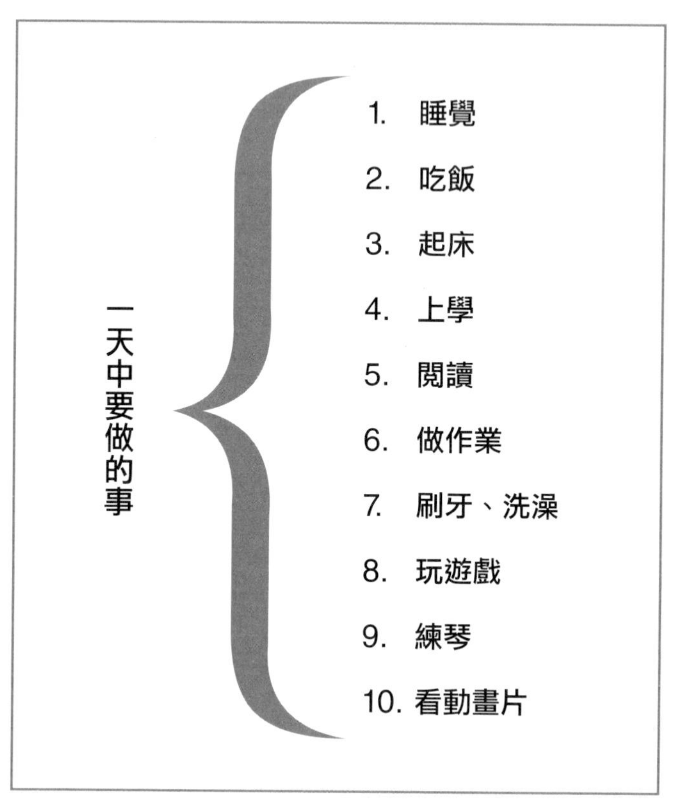
一天中要做的事
1. 睡覺
2. 吃飯
3. 起床
4. 上學
5. 閱讀
6. 做作業
7. 刷牙、洗澡
8. 玩遊戲
9. 練琴
10. 看動畫片

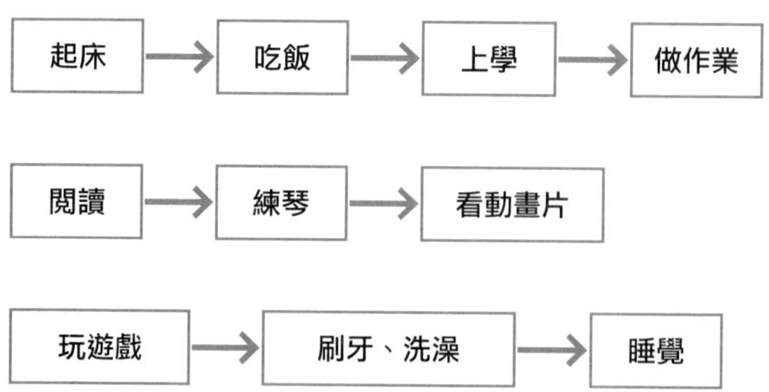
起床
吃飯
上學
做作業
閱讀
練琴
看動畫片
玩遊戲
刷牙、洗澡
睡覺

畫片或是玩遊戲暫時放棄。週末也不必完全按照平時上學的計畫執行，家長可以和孩子另外制定一張週末的表格，或是在平時的基礎上略有調整。做計畫的目的在於執行，孩子在執行的過程中得到成長，實現自我管理。

除了和孩子一起運用心智圖來制定每天的日常計畫之外，要幫助孩子克服拖延症還有一些其他訣竅。

訣竅 1——拆分任務

好多人不願意執行任務，是因為覺得整個工程量太大，或者太麻煩了，而將這些看似不可能完成的大任務拆成小任務，是個不錯的辦法。當孩子們完成一個小任務時，家長就讓孩子將這項任務在清單上狠狠地劃掉（這可是個很有成就感的過程）。走一步，再走一步，不知不覺中，任務就完成了。

訣竅 2——把任務細分，不斷設立最後期限（deadline）

剛開學時，家長和孩子們都會制定一些新目標，比如這學期看多少本書，但往往到學期結束時，才發現整個學期下來，除了老師硬性要求的書外，一本也沒看，或只是翻了翻就放在一邊，沒有下文了。

這是因為看書這件事，不像每日家庭作業，有個明確的最後期限。家庭作業拖也就拖幾個小時，頂多幾天，但像看書這樣的事一不小心就可能會拖一輩子！因此這就需要家長和孩子一起來設立最後期限，根據任務的量，把期限設立在幾小時之後或幾天之後等等。

訣竅 3——給自己留一個緩衝

也許這是拖延症患者最想聽到的建議了，不過這確實很重要，如果計畫制定得太緊湊，一旦錯過就難以繼續執行，很可能一拖到底！

我曾經看過一個小朋友的時間表而非常詫異！他計畫很早起床，去跑步，再去背單字，緊接著看多少頁書……，期間沒有什麼緩衝，對自己十分嚴厲，但這樣的計畫往往最後根本無法實施（理想很豐滿，現實很骨感），總是計畫趕不上變化，最終回到「拖」的狀態。

訣竅 4——父母和孩子一起制定一系列的獎勵和懲罰機制

比如說，連續三天都按計畫完成的話，可以多看十分鐘動畫片或是吃幾顆巧克力；連續三天沒有按計畫完成，則暫時剝奪看動畫片的時間等等。當然，要提醒家長的是，所有的工具都是為人服務的，最終目的都是解決問題，家長和孩子的問題最終還是親子關係，而親子關係的核心是愛。

讓孩子感受到你對他的愛，從而激發他愛的能力。和孩子一起做計畫的過程，家長要向孩子傳達對他的理解和愛，如果脫離了這個前提，用冷冰冰的工具去程式化地管理他，即使你用了世界上最先進的工具，也培養不出自信優秀的孩子！

邏輯思考能力——用心智圖開啟孩子的無限潛力

在美國，「心智圖」被教育學家、工程師、心理學家等用在學習、腦力激盪、記憶、視覺記憶和解決問題方面已經有很多年了。

我在美國史丹佛大學讀書的時候，很多課堂上的討論，教授的講解其實都運用了心智圖的原理。我先生的博士和碩士學位都是在美國史丹佛大學攻讀的，他的博士學位主攻機器人與人工智慧，而碩士學位的主攻是設計思考（design thinking）。設計思考就是把心智圖發揚光大的主力推手，因為這兩者都主張把有用資訊圖形化，可以說心智圖是設計思考裡面用得最多的工具之一。

接下來，我就來詳細講解一下什麼是心智圖，以及家長如何通過心智圖來訓練孩子的邏輯思考、寫作能力，激發孩子的大腦潛力。

心智圖（也有人叫作心智地圖、腦圖、思維導圖），英文是 mind map 或 thinking map，是一種以中央關鍵字或想法（包括文字、數位、符碼、食物、香氣、線條、顏色、意象、節奏、音符等）引起形象化的構造和分類的想法。

它以腦力激盪（激發靈感）方法為基礎，建立一個適當或相關的概念性組織任務框架，充分利用人類左右腦的生理機能，把各級主題的關係用相互隸屬與相關的層級圖表現出來，簡單卻又極其有效。

在美國課堂上，老師會廣泛運用心智圖幫助孩子們進行思考，培養他們的邏輯思考能力、寫作能力，開啟孩子大腦的無限潛力。那麼心智圖一共有哪些分類？每一種都有什麼特點？家長該如何運用心智圖來培養孩子？

1 圓圖（circle map）——主題思考

圓圖由兩個圓組成，小圓是核心主題，外面的大圓則對主題進行描述，羅列了和這個核心主題相關的描述和理解。圓圖是心智圖中最基礎，也是最簡單的一種表現形式，因為它簡單、明瞭、直截了當。

家長們常讓孩子多讀書，卻往往忽視了孩子讀書的方法。其實孩子在閱讀一本新書之前，往往已經有相關的儲備知識——聽過、看過或想過相關的內容，而調動這些儲備知識，則可大幅度提高閱讀和學習的效果。

以左頁下圖為例，當孩子在閱讀一本關於兩棲動物的科普類書籍時，先讓孩子畫圓圖，自己思考兩棲動物有什麼特徵，寫在小圓外、大圓內，家長可以在一旁輔助。這個過程能讓孩子將以前零碎的印象

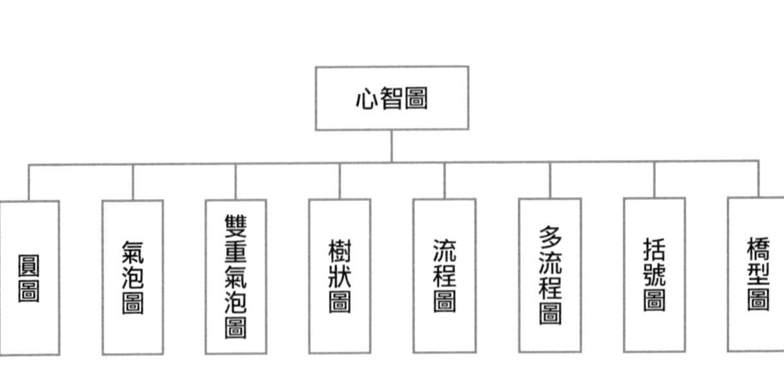

社區
工作人員
警察
消防員
郵差
醫生
教師
校長
救護車
司機
負責人
建築工
牙科醫生
廚師
獸醫
兩棲
動物
長大後可以生活在水裡，
也可以生活在陸地
用肺呼吸
幼體生活
在水中
沒有鱗片、毛髮
卵生
體溫不恆定

歸納成一個知識體系。在畫完圖之後再閱讀書籍，孩子不僅會覺得閱讀起來很輕鬆，而且還能很好地鞏固知識，不會看了就忘。

2 氣泡圖（bubble map）——拓展思考

氣泡圖由許多泡泡組成，中間部分是主題泡泡所要描述的核心問題，周圍的泡泡通常稱為「屬性泡泡」，每個屬性泡泡都有一條線和主題泡泡相連接。

左頁下圖是我兒子的老師在課堂上講解什麼是「愛」的時候，孩子們在老師的引導下畫出的一張氣泡圖。

【應用場景】主題寫作

寫作文往往是令孩子最為頭痛的難題，一提到天氣就是「陽光明媚」「萬里無雲」，這樣千篇一律的想法，不僅老師不會給高分，孩子也覺得無趣，更不會進步。好的文章，往往有很多細節描寫和豐富的聯想，而氣泡圖就能很好地鍛鍊孩子這方面的能力。

以第70頁的氣泡圖為例，如果孩子要寫關於蝴蝶的文章，家長們就可以讓孩子畫出氣泡圖，對蝴蝶展開聯想：蝴蝶可能有毒，蝴蝶是彩色的，創造性的，是個旅行者……，而把這些描述有機會地結合在一起，就能碰撞出不一樣的火花。

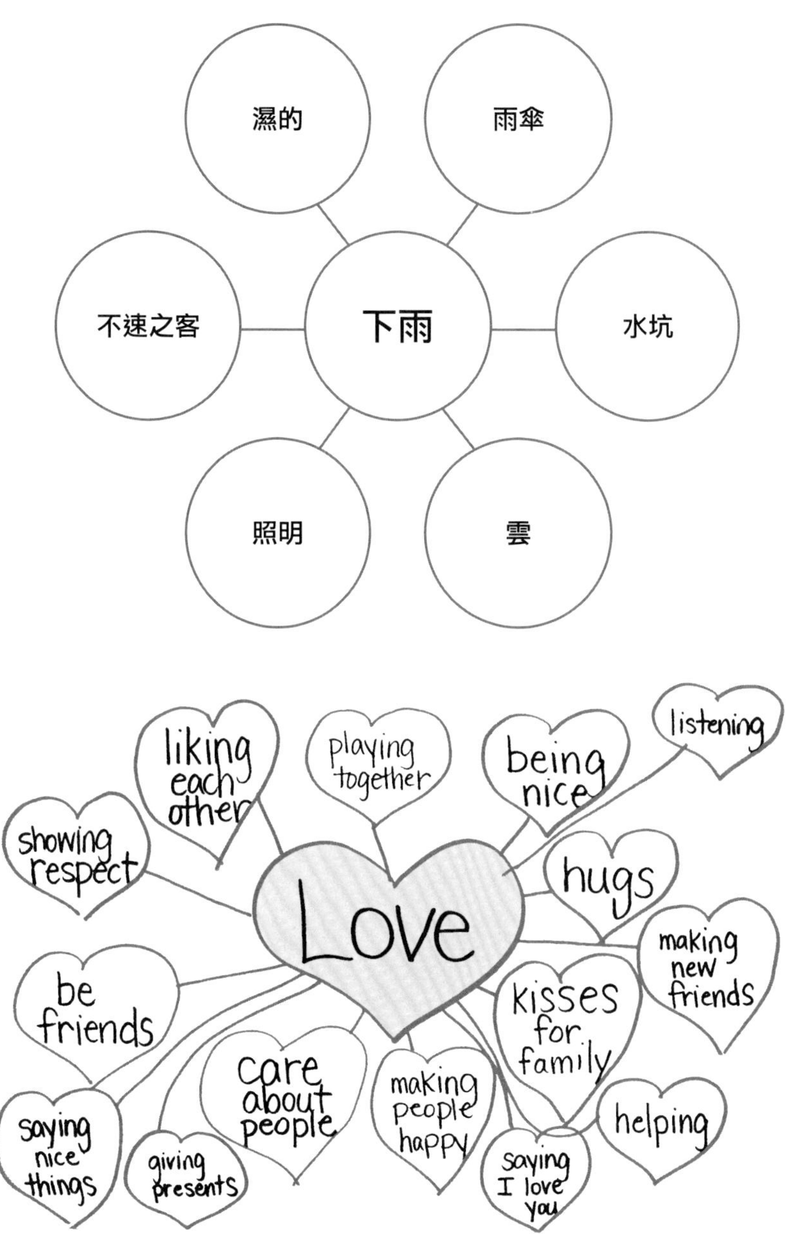
濕的
雨傘
不速之客
下雨
水坑
照明
雲
liking each other
playing together
being nice
listening
showing respect
Love
hugs
making new friends
be friends
kisses for family
care about people
making people happy
helping
saying nice things
giving presents
saying I love you

再舉個例子，當孩子看優秀的文章時，用氣泡圖來歸納裡面對人或物的描述，並用到自己的文章中，長此以往，寫作水準也一定大有提高！

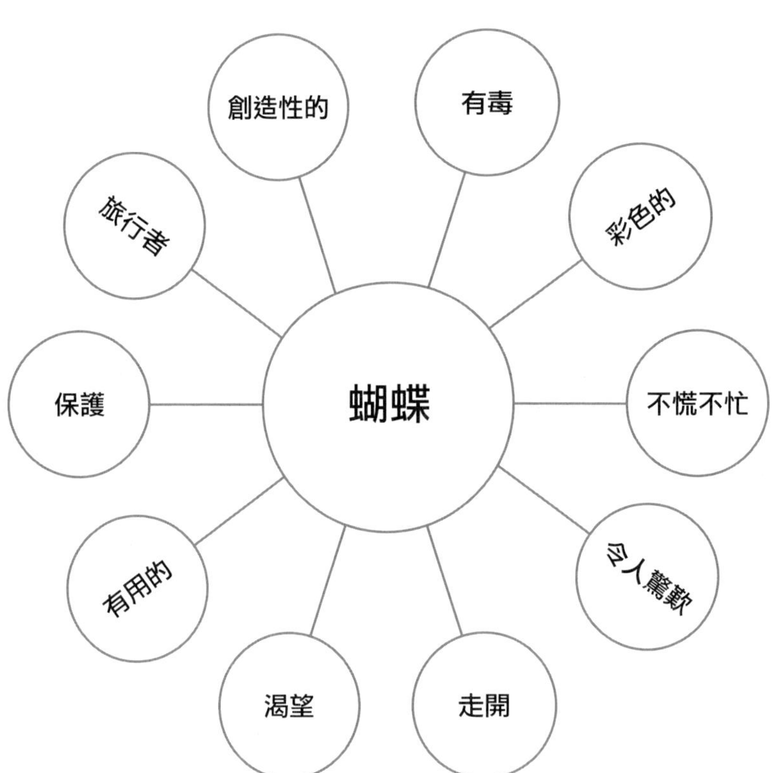

3 雙重氣泡圖（double bubble map）——反映事物的對比關係

雙重氣泡圖是單一氣泡圖的升級版，因為很多時候不只一個主題，這個時候就要用雙重氣泡圖，甚至多重氣泡圖了。下圖是用香蕉和蘋果為例的雙重氣泡圖，分析各自的特點。

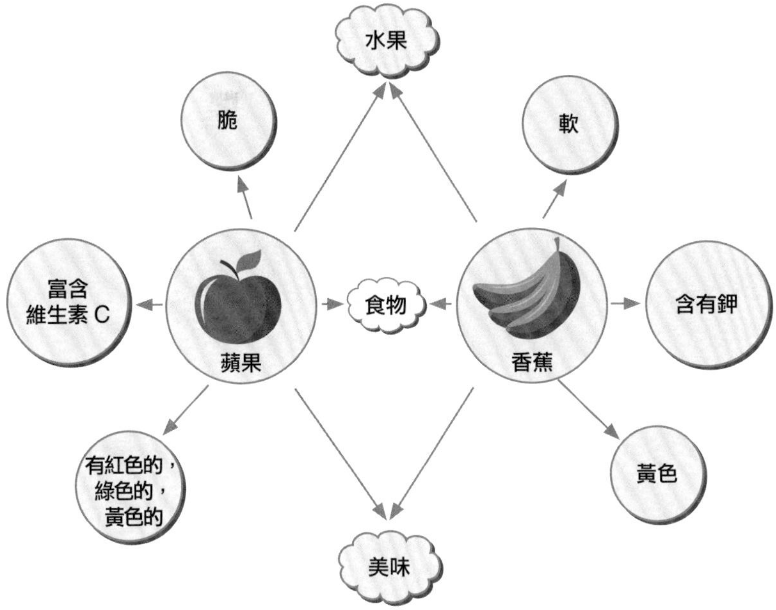

下面這張圖是在雙重氣泡圖的基礎上的升級版。

【應用場景】事物對比

無論在生活還是學習中，孩子們可能都會碰上相似的概念，這時雙重氣泡圖就是一個學習法寶。在左右兩個大圓圈中，分別寫上兩個混淆不清的概念，小圓圈中寫上相關特徵或內容；只與一個大圓連接的小圓就是兩者的不同點，與兩個大圓都有連接的就是兩者的共同點。畫完後，立刻就能分辨兩者之間的相同與不同之處了。

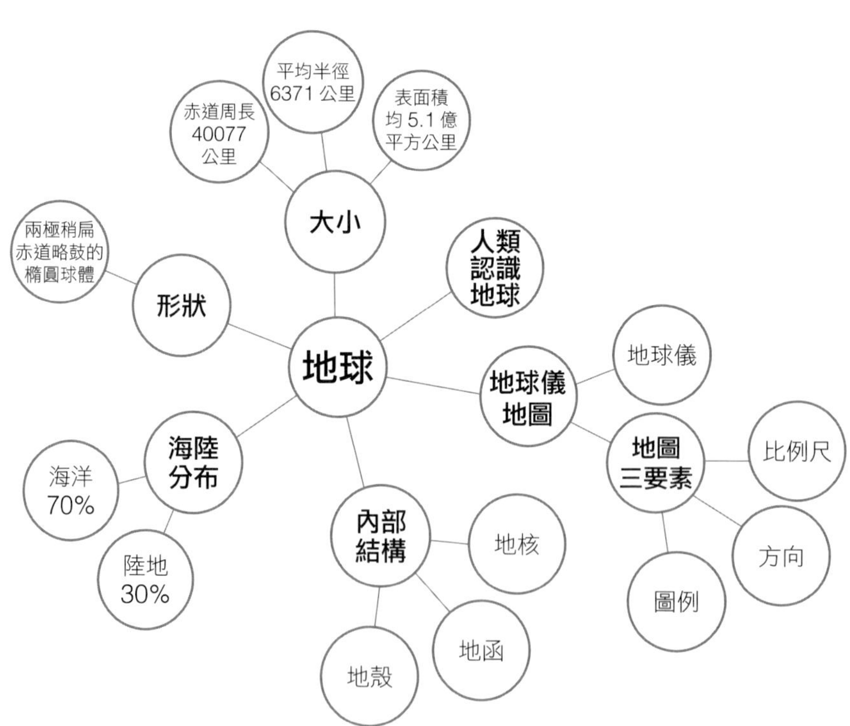

4 樹狀圖（treemap）——理清事物之間的分類關係

樹狀圖，顧名思義就像一棵倒立的樹，最上方的樹根是主題，樹枝就是這個主題下的分類，而樹葉則是這些分類裡面具體的相關描述。比如畫動物分類圖，主題是動物，樹枝可以是不同的動物類型（爬行類、昆蟲類、魚類、鳥類、哺乳類等），最後的樹葉就是每一種類型下面有哪些具體的代表動物。

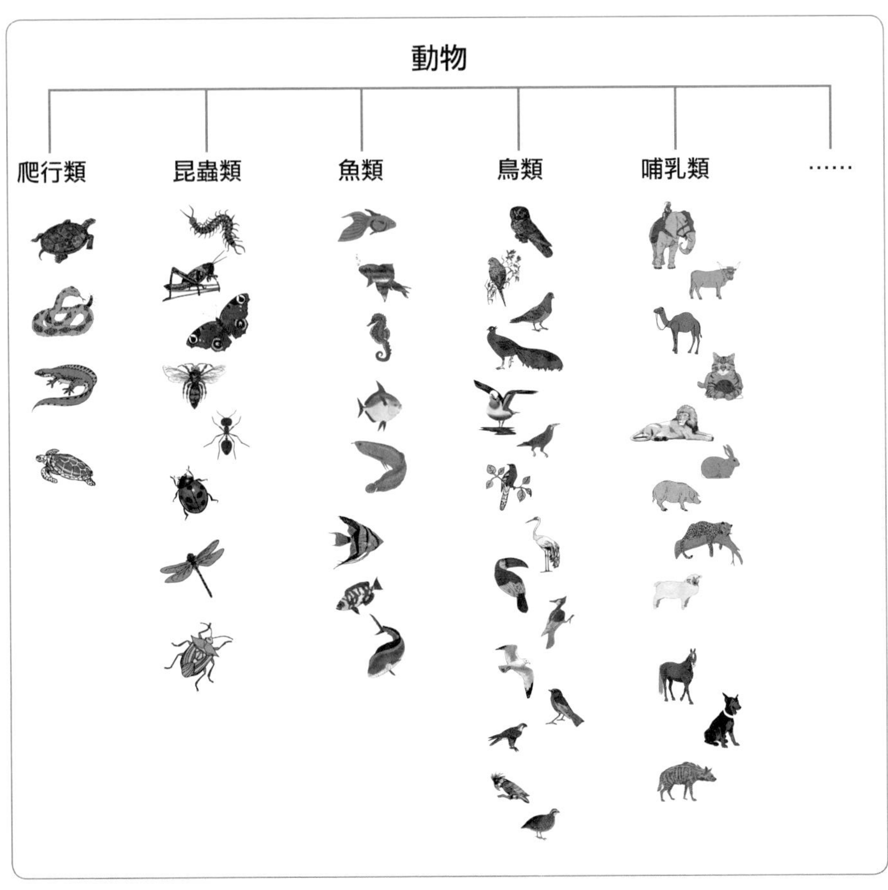

【應用場景１】英語單字記憶

我在其他文章中有提到過，美國孩子通過自然拼讀法來學習英文，其實樹狀圖也是一種非常好的英文單字記憶方法，如下圖。

【應用場景２】理清文章裡複雜的人物關係

大家都會讓孩子閱讀名著，但有些名著裡面難記的人名和複雜的家族關係很讓人頭疼，而畫樹狀圖會讓一切變得簡單明瞭，例如有人曾經用樹狀圖把《紅樓夢》中賈家的人物關係圖畫出來，看了圖就對裡面的人物關係一目了然了。

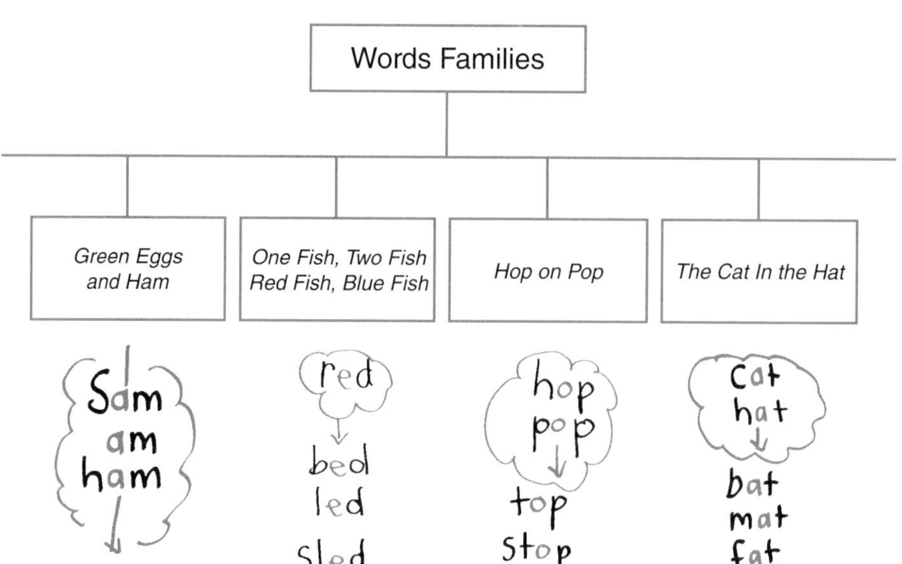

5 流程圖（flow map）——對事物過程的把握

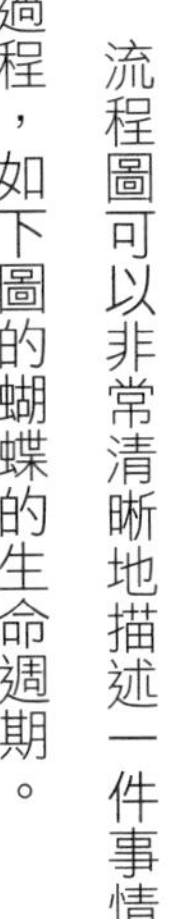

流程圖可以非常清晰地描述一件事情的各個過程，如下圖的蝴蝶的生命週期。

【應用場景】時間計畫

家長們不妨讓孩子從每天早上起床後的流程開始練習列流程圖。

無論是一天的安排還是做一件事的先後順序，孩子自己一步一步地列出各個步驟，做事將會變得很有條理。

另外，如果家長打算教孩子做一些事，流程圖也非常實用，先做什麼後做什麼一目了然，孩子自然也掌握得快。

蝴蝶的生命週期 → 卵 → 毛毛蟲 → 蛹 → 蝴蝶

去學校的準備

7點15分起床 → 洗漱 → 更衣 → 梳妝 → 吃早飯 → 收拾書包，帶上午飯 → 檢查自行車 → 騎行到學校 → 到達學校

6 多流程圖（multi-flow map）
——事物之間的因果關係

多流程圖是流程圖的升級版，一件事情很多時候是由很多原因引起的，不同的原因會導致不同的結果。先幫助孩子分析引發事件的原因，最後總結事情發生的結果，這能很好地讓孩子掌握事情的來龍去脈。

【應用場景】幫助孩子認知事情的因果關係

多流程圖不僅可以運用在閱讀上，在生活中也有重大意義。比如下圖的例子，如果孩子寫作業拖拉，家長可以和孩子一起畫多流程圖，這能讓孩子思索其中的關聯和對錯，從而改掉拖延的習慣。

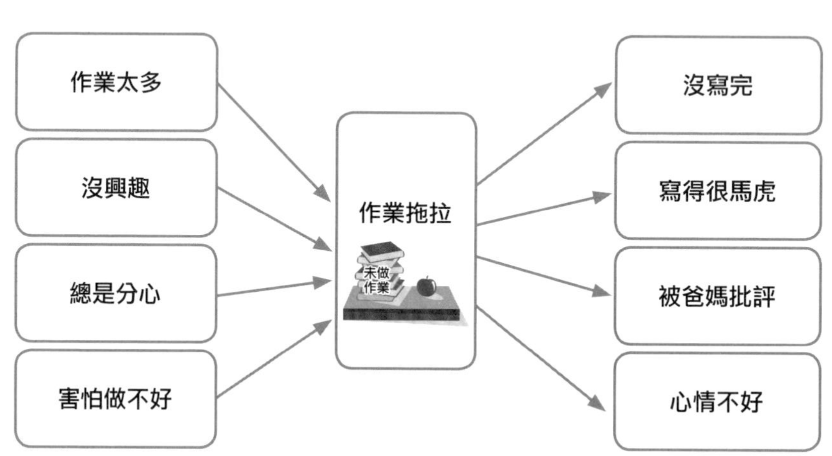

註：建議家長在指導孩子畫心智圖的時候，可以讓孩子在分支下面畫上相關的圖。

7 括號圖（brace map）——分析事物的結構

括號圖可以幫助孩子分析一件事物的結構，理解整體和局部的概念。如下圖，要想堆一個雪人，需要哪些物件。

【應用場景】課堂上歸納授課知識

學會括號圖，對孩子上課記筆記非常實用！如果孩子剛接觸到「身體」這一概念，就可以讓他通過括號圖來分析身體的結構，現在很多老師上課也是用括號圖來寫黑板的。

8 橋型圖（bridge map）——事物之間的類比關係

橋型圖是用來描述事物之間的相似和類比的關係。在橋型圖橫線的上面和下面寫下具有相關性的內容，像一座橋一樣，因此得名。

【應用場景】學習類比

橋型圖橫線的上面和下面寫下具有相關性的內容。如下圖，動物身上都被不同的東西所覆蓋——哺乳動物（皮毛）、鳥類（羽毛）、爬行動物（鱗片）、兩棲動物（光滑的皮膚），這樣做類比，孩子就能夠很快地記住一連串的知識了，非常有效。

透過以上的介紹，大家可以發現，這幾種心智圖的根本就是尋找事物之間的關係，

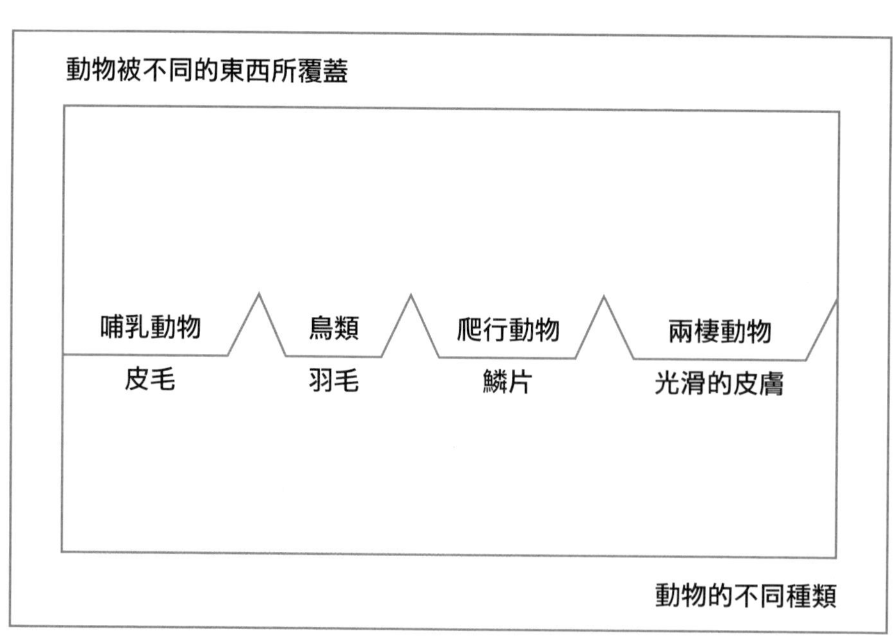

來幫助人們理清邏輯，拓展思考。了解它的本質後，我們會發現其實無論大人還是孩子，在現實生活中都會不經意地用到它，只是形式有些不一樣而已。

我家的老大準備外出遊玩時，他會想著要帶哪幾類東西，然後將它們羅列出來。孩子們做筆記時，也會經常用到「括號圖」。當然，以上介紹的幾種形式的心智圖只是幫助孩子們更嚴密地、更具開拓性地、更明確地去思考，是孩子們的學習幫手。在使用這些工具時，最重要的是本質，而不在於表現形式。

心智圖的核心就是「將你的想法畫出來」，使用心智圖，可以把一長串枯燥的資訊變成彩色的、容易記憶的、有高度組織性的圖，而這與我們大腦處理事物的自然方式相吻合。波音公司就曾用心智圖來設計飛機，使本來需要六年的設計工程在六個月內就完工了！

最後我想說，當孩子還處於思考發展階段時，如果家長能夠有效利用心智圖來引導孩子，激發他們的想像力，培養他們的邏輯思考能力，我相信一定會有意想不到的收穫的！

語言力1——像美國孩子一樣學英語的兩個法寶

在美國，一個一年級的孩子大概可以閱讀《五隻小狗》（The little five dogs）這樣文字量很大的書籍了，很多人對此都很吃驚。

美國孩子如何學英語？這也是中國的父母很感興趣的一個話題。英語是美國孩子的母語，不過就像中國孩子學中文一樣，雖然他們每天在日常生活中都會接觸到中文，但真正要掌握好一門語言，也並不是那麼容易的。美國孩子學習英語有兩個法寶——自然拼讀法（phonics）和高頻詞彙（sight words）。

第一個法寶是自然拼讀法。什麼是自然拼讀法呢？簡單來說就是在看到單字的時候，根據英文字母在單字裡的發音規則把這個單字拼讀出來。類似中國孩子在學習中文拼音的時候，根據中文拼音的讀音規則來拼讀漢字。

自然拼讀法最大的好處在於能夠讓孩子掌握英文的節奏和韻律，直接拼讀出單字，從而產生英語的語感。自然拼讀遵循的是「字母發音—字母組合發音—單字—簡單句子—段落」的學習規律。

掌握了基礎的字母發音之後，孩子們開始學習同一個字母在單字裡不同位置的發音，例如：ape、cat、zebra，以及同一字母在單字裡重複使用時的發音，有時一樣，有時不一樣，比如：clock、kettle、airplane。

學習完單個字母的發音規則，美國孩子就要開始學習字母組合的拼讀規則了。字母組合的拼讀規則是孩子們學習英語的困難點和重點。在英語當中有母音和子音的區分，對於五個母音字母和一個特殊字母Y，孩子們需要掌握它們在不同情況下的讀音規則。下面我做了一張圖表，僅作參考。

字母組合的拼讀規則

字母組合的拼讀規則				
Long A（長音）	ape 猿	lake 湖	gate 閘門	
Short A（短音）	apple 蘋果	axe 斧頭	sack 袋子	
Long E	eat 吃	eel 鰻魚	feet 腳	
Short E	echo 回聲	nest 鳥窩	edge 邊緣	
Long I	icebergs 冰山	kite 風箏	bite 咬	
Short I	insect 昆蟲	bird 鳥	panic 驚恐	
Long O	oak 橡樹	lonely 孤獨的	potatoes 馬鈴薯	
Short O	mop 拖地	off 離開	ostrich 鴕鳥	
Long U	ukulele 烏克麗麗	ufo 飛碟	united 聯合	
Short U	under 在下面	up 上面	ugly 醜陋的	
Middle Y	rhyme 押韻	thyme 百里香	symbols 符號	cymbals 銅鈸
Ending Y, like long “A”	gray 灰色	pay 付款		
Ending Y, like long “E”	celery 西芹	ugly 醜的		
Ending Y, like long “I”	cry 哭泣	pry 撬開		

在母音當中，不規則母音的拼讀規則是最難的。下面這兩張圖表是我孩子所就讀的學校提供的不規則母音拼讀範例。

和孩子一起練習不規則母音圖表					
oo	igh	ight	oi	ought	alt
ay	aw	au	aught	ind	eigh
ild	sion	ew	ough	ir	oy
ar	or	tion	alk	old	ost
ould	ur	ill	ell	er	ey
all	ound	ing	ed	ou	ous
ow	olt				

不規則母音的單字範例						
ŏŏ book	ay day	eigh sleigh	igh high	er her	tion nation	ow cow
ōō moon	all ball	ey they	ight sight	ir fir	sion tension	ow crow
oy boy	aw saw	ell bell	ild wild	ur fur	old told	ou thousand
oi soil	au haul	ed -d -t -ed cried, laughed, crooked,	ough ū, ŏ, ŏw, ō, ūff,ŏff through, thought, bough, though, rough, cough,		alk walk	ound found
ought brought	aught taught	ew few	ing crying	or for	ost most	ous famous
ould could	alt salt	ill will	ind find	ar bar	olt colt	

另外，還有子音連讀（consonant blends）、兩字母發一音（digraphs）、不發音的字母（silent letter）示範。比如下圖：

子音連讀、兩字母發一音和不發音的字母						
ch	sh	sk	tr	ph	kn	br
cl	cr	ck	fl	fr	gl	gr
pl	pr	sc	bl	sl	sm	sn
sp	spr	st	str	sw	dr	fw
wr	qu	gh	nk	scr	gn	thr
mb	wh	ng	nd	th		

不規則母音的單字範例						
ch chew	sh shell	th the, thumb	wh whale	ph phone	bl blow	br brown
cl clap	cr crown	dr drop	fl flow	fr from	gl glad	gr green
pl plate	pr price	sc scary	sk skunk	sl sleep	sm small	sn snow
sp space	spr spring	st state	str string	sw sweet	tr tree	tw twist
wr wrong	qu queen	kn know	nk think	ck rick	gh ghost	scr scrap
mb lamb	gn gnat	thr three	ng sing	nd hand		

第二個法寶是高頻詞彙。高頻詞彙顧名思義就是在英語學習初期出現頻率最高，孩子們需要強化記憶的單字（家長可以將這些高頻詞彙列印出來，讓孩子加強記憶）。就像我前面提到的，美國孩子在一年級的時候已經可以閱讀《五隻小狗》這種單字量很大的書了，這完全得益於自然拼讀和高頻詞彙這兩種學英語的法寶。當然，這並不是說孩子們完全能夠理解書裡的每一個單字，但是通過自然拼讀和高頻詞彙的搭配學習，孩子們對書裡的內容大概是可以理解和領悟的。

這兩種學習法是針對英語初學者的一些方法。自然拼讀是讓孩子們完成「音」和「形」的學習步驟，而在理解「意」的過程中，高頻詞彙的記憶讓孩子們完成了一整套英語學習的過程。配合使用這兩種方法的同時，如果父母再為孩子挑選一些比較有趣的讀物，相信孩子在英語閱讀上一定會有飛躍性的進步。

給父母們教孩子學英語的建議

1. 每天晚上花十五分鐘的時間與孩子一起閱讀一本英文書，唱英文歌曲或者玩一個英文遊戲。
2. 孩子最喜歡學的內容是在他的環境裡，能夠和他交流的、有用的東西。比如在畫畫、吃飯、遊戲等生活情境中經常使用的英語。
3. 買一些簡單的原版英文圖畫書，並且與孩子談論書中的故事和圖畫。
4. 常放些英文歌曲，並且嘗試和孩子一起唱。
5. 對於大一點的孩子，將英語學習與學科知識聯繫起來，用英語來學習那些重要而有趣的語文、數學、科學等學科知識。

6. 若孩子不大理解的話，需要家長反覆指導。這時不能只是用英語來教英語，在畫畫、吃飯、遊戲時也要經常使用提示性的英語，特別是在孩子感興趣的方面多使用，可以迅速提高孩子的學習效率。

7. 經常強調日常生活中有用的簡單語言，可以讓孩子因為使用它而能更自然地學習，而不只是死記硬背。

8. 如果你不會英語，沒關係，和孩子一起學，做他積極的陪伴者！享受語言學習的快樂。

語言力2——愛上英文閱讀的七個絕招

對於中國父母來說，教孩子學會英文閱讀是一個極富挑戰的過程。無論是你的孩子剛上幼兒園還是已經上小學，讓他在一開始的英語閱讀中打下堅實的基礎，對於孩子來說是非常有益的；但是英語並不是中國孩子的母語，作為父母，我們需要利用一些工具和策略來幫助孩子，一旦孩子在英語閱讀的道路上走上正軌，未來他就會領略到英語這門語言的魅力。

對剛開始學習英語的孩子，家長們可以借鑒美國父母是怎麼一步步引導孩子愛上閱讀的。

第一步——養成定時讀書給孩子聽的習慣

美國很多父母在孩子還是嬰兒的時候就開始教他們閱讀了，聽起來是不是和傳聞中美國的父母都是放養型的印象不相符？但是放養和從小培養閱讀習慣並不矛盾，只有從小養成了良好的閱讀習慣，孩子長大了才會自覺地閱讀，也就不需要那麼多「虎媽虎爸」了。在與新生兒的獨處時光裡，新生父母為孩子講故事，這不僅是培養親子關係的最佳方式之一，也會潛移默化地對孩子灌輸熱愛書籍的意識。美國很多父母其實是很拚的，臉書的創始人馬克·祖克柏就是很好的例子。

那麼每天要為孩子讀多久的書呢？我覺得這完全取決於每個家庭的實際情況，但目標是至少每天三至四本圖畫書。當孩子可以坐更長時間的時候，可以養成每天至少閱讀十五分鐘的習慣。左頁下方圖表是我根據自己的經驗給出的建議。

第二步——互動問題

其實在孩子學會閱讀之前，他們就已經開始學習閱讀理解了。家長在大聲朗讀故事給孩子聽的時候，可以問他一些和書相關的人物或情節方面的問題。例如：「你看到這隻貓了嗎？這隻貓叫什麼名字呢？」當然隨著閱讀程度不斷提高，提出的問題也可以不斷升級。

在這裡要提醒家長的是，隨著孩子年齡的增長，家長提的問題可以盡量是開放式的答案，這樣可以幫助孩子養成思辨意識，增強邏輯思考能力。

第三步——讓書籍隨處可見

雖然我身為媽媽來說，不喜歡房間裡到處都是書或者玩具，看起來亂糟糟的，但是至少讓孩子在想看某一本書的時候容易拿到，這是我們家的原則。我的經驗是最好把書和孩子的玩具放在一起，這樣可以讓孩子在玩玩具和遊戲的同時很快切換到讀書模式。

我這樣讀書給孩子聽	
出生 1 年	搖籃曲，紙板書（配有圖片），布書（配有多種材質），有聲讀物
出生 1 ～ 3 年	押韻的書，有聲讀物，紙板小故事書
出生 3 ～ 5 年	字母書，有聲書，圖畫書，押韻的書

我個人不太喜歡那種放置整齊高大的書架，因為那樣會讓孩子對書有一種距離感，不利於拉近孩子和書之間的距離。

第四步——做孩子最好的榜樣

讓孩子參與到你的閱讀中，讓他們知道閱讀是一件很有趣的事情，這一點非常重要。身為一個母親，我身兼數職（母親、妻子、保姆、老師、廚師、醫生等），所以我看的書也是包羅萬象。我除了看正經八百的書之外，也會時常翻看時尚雜誌、食譜、報紙和八卦新聞等。如果我正在讀的書不是那麼深奧，而且兒童適宜的話，通常我會告訴孩子我所閱讀的內容，有時我會指出我正在讀哪一行、哪一段，讓他幫我朗讀出來。

第五步——最大限度地利用圖書館

圖書館實在是一個非常棒的地方，不僅不花錢，而且孩子在圖書館裡可以潛移默化地被閱讀的氛圍所感染。如果自己家裡條件允許，可以先在家裡建一個迷你圖書館，哪怕僅僅只有幾十本書而已。每週前往公共圖書館和孩子一起借書、看書，是我家的必修課。當孩子逐漸長大，一本書在手，不僅可以讓他學會集中精力，還有助於他將更多的知識和詞彙融會貫通。

第六步——文字與聲音的關聯

在孩子開始學習字母和單字發音細節之前，要先幫助孩子認識到書本上的文字和你所朗讀出來的聲音是相關聯的。當我兒子還很小，我大聲給孩子朗讀的時候，通常會同時用手指頭指出正在朗讀的是哪一個單字，這樣做的好處是讓孩子知道每一頁的單字和朗讀出來的聲音的長度、節奏方面是相關聯的。

第七步——不要用閱讀卡片

美國曾經有一段時間也流行過字卡和圖卡，但是現在越來越被詬病。字卡的確可以讓孩子認識更多的單字，但是卻不利於培養孩子的閱讀技巧。閱讀字卡只是教會孩子一個特定的詞彙和圖畫之間的關係，並不是培養孩子閱讀技巧的最有效方法。

每個孩子的語言發展速度是不同的，有的孩子在英文閱讀能力方面會比其他孩子快一些，尤其是女孩。然而，最重要的是我覺得身為父母應該對自己孩子的成熟度和閱讀水準了然於胸，為他們選擇合適的書籍，以幫助他們不斷地提高閱讀程度。作為父母，我們是孩子最重要的老師，也是引領他走向英語閱讀殿堂的領路人。

最初級英文閱讀推薦書單（僅供參考）	
書名	出版資訊
1. Who Ate it?	by Taro Gomi（Millbrook Press, 1991）
2. Big Long Animal Song	by Mike Artell（Celebration Press, 1997）
3. My Puppy	by Inez Greene（Celebration Press, 2000）
4. Mrs. Sato's Hens	by Laura Min（Celebration Press, 2000）
5. The Fox on the Box	by Barbara Gregorich（School Zone, 1984）
6. The Gum on the Drum	by Barbara Gregorich, Joan Hoffman（School Zone, 1984）
7. Jog, Frog, Jog	by Barbara Gregorich（School Zone, 1984）
8. I Want a Pet	by Lauren Child（Frances Lincoln Children's Books, 2011）
9. Hop on Pop	by Dr. Seuss（Random House, 1963）
10. Bob Books	by Bobby Lynn Maslen（Scholastic, 1976）

不能讓孩子錯過的英文繪本

讓孩子從小學習英語，除了有必要掌握一些學習方法和技巧外，還有非常重要的就是讓孩子從小閱讀英文繪本，在這裡我精心挑選了十本適合低年齡孩子的經典英文繪本，這些繪本一定能讓孩子興趣盎然，讓孩子們在不知不覺中愛上閱讀，輕輕鬆鬆學習英語！

韻律書，讓孩子在韻律中學英語

對初學英語的孩子來說，韻律感強的繪本是他們的不二選擇。有些書中的語句甚至是經典童謠，讀起來朗朗上口，邊唱邊記，非常有助於孩子記憶英語單字，適合零至六歲的孩子閱讀。

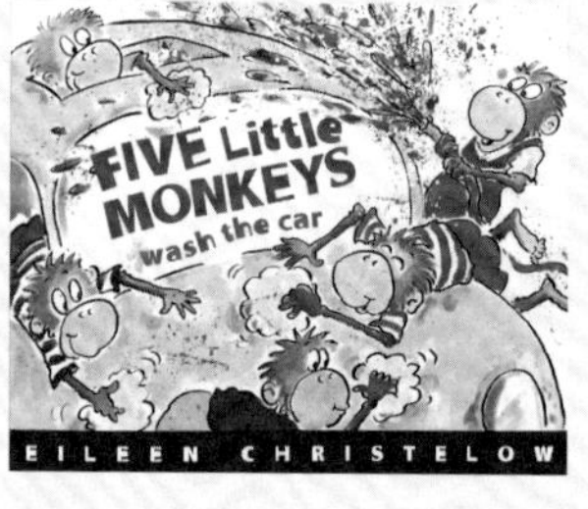

1 *Five little monkeys*《五隻猴子》系列

這套書分為五本，分別為 *Five Little Monkeys jumping on the bed*《五隻小猴子在床上蹦蹦跳》、*Five Little Monkeys bake a birthday Cake*《五隻小猴子烤生日蛋糕》、*Five Little Monkeys sitting in a tree*《五隻小猴子坐在樹上面》、*Five Little Monkeys with nothing to do*《五隻小猴子閑著沒事做》、*Five Little Monkeys wash the car*《五隻小猴子洗汽車》，是根據兒歌演繹的一組五隻猴子的生活故事。經典的兒歌和畫面色彩豐富的繪本相結合，孩子們不僅能夠了解一些廣為流傳的故事，還能在有趣的閱讀中學習英語。家長可以在孩子閱讀的時候播放歌曲，視聽結合，讓孩子更容易接受並記憶相關知識。

2 *Green Eggs and Ham*《綠雞蛋和火腿》

這本書的創作源於蘇斯博士（Dr. Seuss）和一位朋友打賭用五十個單字寫成一個故事，這本膾炙人口的書便應運而生。書中從孩子最熟悉的話題——要不要嘗試新食物出發講述故事。綠雞蛋和火腿在一起還能做出怎樣的美食？主人公Sam-I-Am像一個推銷員，想盡了各種「烹飪手段」說服那個滿腹狐疑的「老傢伙」，嘗一嘗它的綠雞蛋和火腿。故事情節曲折矛盾，一個拚命勸，一個使命躲。從天真爛漫的Sam-I-Am身上，孩子們會學到執著、創造和幽默；那個耳朵下垂，戴著高帽子，愁眉苦臉的大人會教孩子們學會信任和嘗試的勇氣，以及透過表面看清本質的能力！

這本書的語言是節奏感很強的韻文，朗朗上口，書中僅用了五十個單字，而這僅有的五十個單字，卻可以讓孩子們學會二十八個母音字母。文中句子結構大量重複，孩子一旦記住了第一句，後邊的句子就很容易讀出來，讓孩子頗有成就感，易於記憶。

我兒子第一次看到這本書是在一家理髮店的等候區。我大概花了十五分鐘為他讀了三遍之後，他回到家居然能夠順口說出裡面的一些對話，我想其中關聯和這本書的節奏感和押韻是分不開的。

3 *The Wheels on the Bus*《汽車在奔跑》

這本書也是由經典的英文兒歌改編而來的。書中將公車上和城鎮上的熱鬧景象都展現出來了，車上的輪子轉啊轉，車上的人們上上下下，繞著城市來來回回，一天的熱鬧生活又開始了。孩子們可以從這本書中認識到很基本的交通工具的英語詞彙，在活潑的兒歌和色彩豐富的繪本中，快樂地學習英語。

我兒子最早接觸這本書是源自他們幼兒園老師教唱這本書裡的兒歌。有一段時間他回到家小嘴巴裡總是嘰哩咕嚕地哼唱著這首兒歌，後來在書店看到，我就買了回來，到現在他還時常拿出來翻看哼唱。

4 *Fox in Socks*《穿襪子的狐狸》

這是一本能鍛鍊孩子口語能力的書。書中這隻穿著襪子的狐狸喜歡和他的朋友諾克斯先生玩繞口令遊戲，一直做到諾克斯舌頭抽筋，到底是什麼樣的遊戲能讓諾克斯先生舌頭抽筋呢？當小朋友們讀完這些滑稽的故事後才發現，其實不光諾克斯的舌頭抽筋，小朋友們的舌頭也快抽筋了。蘇斯博士在這本書中同樣運用了極富韻律的語言，將故事變成了繞口令，讓孩子深陷於滑稽的故事中，同時又不知不覺地鍛鍊了小朋友說話的能力。

屹立不朽的經典，打動童心的那些書

除了韻律極其工整的繪本，打動孩子心靈的那些經典繪本也是深受孩子歡迎的。這些經典之作通過一些有趣的故事，激發了孩子的想像力，讓孩子內心的童趣、純真和善良都在這些故事中得到共鳴。

5 *The Very Hungry Caterpillar*《好餓好餓的毛毛蟲》

三十多年來，這條從卡爾老爺爺手裡爬出來的紅腦袋、綠身子、高高地弓起來走路的毛毛蟲，暢通無阻地爬進了世界上兩千多萬個孩子的心裡。這是一本具有豐富想像力的書，書中講述了一條毛毛蟲從出生到破繭為蝶不斷成長的故事。故事情節很簡單，書中使用的色彩非常鮮明，毛毛蟲的古怪形象深受孩子喜愛，可謂是經典中的經典。

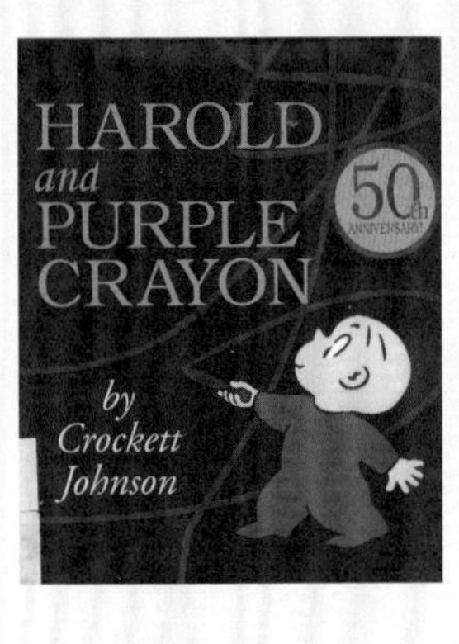

6 *No, David*《大衛，不可以》

大衛是個調皮搗蛋的小男孩，他會站在椅子上顫顫巍巍去搆櫥櫃最上面的糖罐；會帶著一身污泥回家，在客廳的地毯上留下一串黑腳印；會在浴缸裡大鬧，水流成河……，每一幅頁面裡都有媽媽說的話：「大衛，不可以！」但是，大衛也是個善良純真的男孩。在書的最後，大衛在屋子裡打棒球，把花瓶打破了，這下他可闖下大禍了！大衛被罰坐在牆角的小圓凳上，他流下了傷心的眼淚。

於是，媽媽給了他一個溫暖的擁抱，對他說：「大衛乖，我愛你」，大衛所有的惡作劇都被母親的愛包容了。不管孩子有多調皮，可是當他傷心的時候，母親的懷抱永遠是他溫情的港灣。

7 *Harold and Purple Crayon*《阿羅有枝彩色筆》

阿羅系列作品是風靡全球四十年的經典之作，裡面那個拿根紫色蠟筆，在自己天馬行空的想像中不斷進行探險的小屁孩阿羅被稱為「世界上最富想像力的小男孩」。作者用孩子的邏輯和語言，真切地描畫出孩子天馬行空的世界。書中的阿羅頭腦裡充滿奇異幻想，他用簡單的線條和以紫色為主色調的彩色畫面帶領讀者走入他的奇異世界。這本書有利於開拓孩子的想像力、創造力，健全他們內心的情感世界。

8 *An Elephant and Piggie Book* 系列《小象和小豬》

An Elephant and Piggie Book 是一套幽默、經典的英文系列繪本。凱迪克金獎作品，美國亞馬遜五星好評，有力地證明了這套書的地位。這套書以幽默和風趣的故事情節見長，單字簡單、漫畫生動，以孩子最簡單的日常為例，比如要不要分享我的雪糕？怎樣與好朋友相處？以及許多天馬行空的故事情節。書中重複而簡單的句子，極具幽默的內容是小孩子學習英語的最好方法！

9 *Don't let the pigeon drive the bus!*《別讓鴿子開巴士》

呆萌的鴿子，非常可愛的幽默故事，大人看了都會大笑不止。一開始司機就說：「我要離開一會兒，你能不能幫我看好那輛巴士？」可是鴿子使盡渾身解數：苦苦哀求、撒個小謊、拍馬屁、拉攏關係、耍賴……，千方百計想坐上駕駛座，你會同意讓鴿子開巴士嗎？這本書讓讀者參與故事的想法很有創意，呆萌的小鴿子討價還價乃至耍無賴的種種表情畫得很傳神，特別討人喜愛。

這本書把孩子代入故事中，作為和鴿子對比的主角，調動了孩子的主動性。句型簡單，情節幽默，老少皆宜！同樣適合四至六歲能讀懂故事情節的孩子閱讀。

10 *little blue and little yellow*《小藍和小黃》

著名繪本大師李歐．李奧尼（Leo Lionni）的經典作品。整本書都是由作者用手撕出來的彩紙黏貼而成，畫面和語言都十分簡單，但全書的要點在思想內涵的表達上。故事簡單卻抽象，表面看來，故事講的是原來兩種不一樣的顏色可以變出第三個，但其實是讓孩子悟出自己和他人的不同，並幫助孩子培養獨立意識。

另外，作者將色彩知識巧妙地融入孩子日常的生活體驗中，極大地發揮了孩子的想像力，是為孩子挑選英語啟蒙書的首選！

名家之作，認識這些書背後的老頑童

這些著名的經典之作，很多都出自同一個作者之手，而且大部分作者都年事已高，在經歷了人生百態後，他們懷著一顆童心，描繪出內心世界的美好，也為孩子們展現了許多奇妙的充滿愛和善意的世界。

蘇斯博士（Dr. Suess）

在美國，如果你問最受兒童歡迎的作者是誰，不論書店或圖書館人員都會告訴你是蘇斯博士。

他一生創作了四十八本精彩繪本，全球銷量逾二．五億冊，曾獲得美國圖書書最高榮譽凱迪克大獎和普立茲特殊貢獻獎，兩次獲得奧斯卡金像獎和艾美獎，其作品被美國教育部指定為重要閱讀輔導讀物。

他創作的繪本人物形象鮮明，個性突出，情節誇張荒誕，語言簡單易懂、妙趣橫生，是半個多世紀以來孩子們的至愛。書中豐富的想像力、引人入勝的情節和風趣幽默、充滿創造力的繪畫及語言遠遠高於過去進階型讀物，這些故事可以讓孩子們從興趣出發輕鬆地學習英語。從簡單的字母，到短語、句子，再到一個個故事，蘇斯博士的圖畫書更是一套讓孩子們循序漸進掌握英語的優秀讀物。其中*Dr. Seuss's ABC: An Amazing Alphabet Book!*《蘇斯博士的ＡＢＣ》就是一本字母書。它從英文的二十六個字母入手，將字母和單字配合起來講解。同時，這些單字又組成了一句句韻味十足的句子，不斷重複加深孩子對字母的記憶和理解。*One Fish, Two Fish, Red Fish, Blue Fish*《一條魚，兩條魚，紅色的魚，藍色的魚》和*Hop on Pop*《在爸爸身上蹦來跳去》也是採取類似的方式進行單字和句子的講解。*Fox in Socks*《穿襪子的狐狸》裡面則充滿了幽默風趣的繞口令，對孩子來說是一個充滿快樂的挑戰。

艾瑞．卡爾（Eric Carle）

兒童繪本大師都富有一顆童心，而他們看上去總是那麼慈祥。艾瑞．卡爾就是這樣一位和藹、慈祥的繪本專家，國際兒童文學大師。他創作了七十餘本作品，著名代表作有*The Very Hungry*

Caterpillar《好餓好餓的毛毛蟲》、*Brown Bear, Brown Bear, What Do You See?*《棕色的熊，棕色的熊，你在看什麼？》、*Papa, Please Get the Moon for Me*《爸爸，請為我摘月亮》等。他的畫風鮮明獨特，多採用拼貼的方式，層疊出明亮歡樂的圖樣，書中許多處帶有特殊的立體、折頁設計，賦予書本閱讀和遊戲的雙重特性。他曾榮獲《紐約時報》年度最佳童書、義大利波隆那書展設計大獎等七十餘次國際性大獎。他的個人圖畫書美術館，更是美國第一個圖畫書美術館。

莫．威廉斯（Mo Willems）

莫．威廉斯，是美國著名的兒童圖畫書作家，創作了五套系列的英文繪本及數十本經典繪本，獲得凱迪克金獎和其他榮譽大獎。代表作有鴿子系列，如*Don't let the pigeon drive the bus!*《別讓鴿子開巴士》、《小象和小豬》系列、《古納什小兔》系列，都被列入百本必讀英文繪本。他的作品最大的特點就是用簡單幽默的故事情節教會孩子生活中的道理，而且書中所用句型簡單，大量的重複也更有利於孩子學習英語。書籍是人類智慧的階梯，要想從小培養孩子閱讀的好習慣，就要從趣味性著手，激發孩子閱讀的興趣，才能讓他們渴望主動去探索這個未知的世界。

Chapter 2 學習為人父母，做孩子的引路人

美國的教育把孩子當成和父母一樣獨立的人來看待。這個觀念說起來容易，其實做起來很難。怎麼把孩子當作一個獨立的個體，家長怎麼平等地和孩子去溝通？做父母的首先要願意傾聽孩子的想法。

每個孩子都是獨立的個體

在中國和美國的教育差異當中，我覺得中美父母教育觀念最大的不同就在於，美國的家長把孩子當成一個完全獨立的個體，而不是父母的附屬品。此話怎講呢？從美國的法律來講，在美國孩子一生下來就是一個完全獨立的個體，父母是他的監護人，但這個孩子並不屬於父母，而是屬於美國這個國家。

在中國，家長有個觀念：「我生你養你，你是我的孩子」「我生你養你，我是你的衣食父母」。從這個觀念出發，中國家長覺得孩子是父母的附屬品，所以家長從這個角度出發，很多時候會去為孩子做很多的決定，當然，有些決定是對的，有些決定則不一定正確。雖然家長的生活閱歷比孩子更豐富，但是時代在變化，而且每個孩子都有自己的想法，因此往往很多時候父母替孩子做決定未必是正確的。

美國的教育把孩子當成和父母一樣獨立的人來看待，這個觀念說起來容易，其實做起來很難。怎麼把孩子當作獨立的個體，家長怎麼平等地和孩子溝通？做父母的首先要願意傾聽孩子的想法，孩子的想法有時候是天馬行空的，但是家長要尊重他們的想法、意見，不把自己的思想強加給孩子。我自己從第一個孩子出生到現在，一直堅持在做並且自認為做得很好的一點，就是蹲下來和我的孩子說話。我的孩子一歲的時候，他當時還不會走路，我總是把他抱到一個高一點的沙發或者桌子上，讓他的眼睛跟我的眼睛平視，眼睛是心靈的窗戶，雖然孩子才一歲，他也許不能完全聽懂父母在說什麼，但是如果當孩子的眼睛與家長的眼睛有交流的時候，其實孩子是非常敏感的，他能夠從父母的眼睛裡讀到很多資訊，這種資訊可能是傳達父母生氣了，或者是父母嚴肅或慈愛的，或是關心的眼神。尊重孩子是非常重要的，但對於中國家長來說，可能也是最難的一點。

中國的家長通常是高高在上的，比如總是站著對個頭尚小的孩子說：「你應該怎麼樣，你要做什麼」；但在美國，我看見很多的家長都是蹲下來跟孩子說話，眼睛始終與孩子保持平視，這樣做的好處在於讓孩子覺得跟父母是平等的交流。在平等交流的狀態下，家長不會對孩子產生威脅感，孩子這個時候才會真正願意和家長溝通很多的想法。

中國的家長最常掛在嘴邊的一句話就是：「你應該要做什麼，聽我的，我是你的父母，我是為你好」，但其實孩子有自己的人生，父母的意見未必是最好的。我記得曾經去一個美國朋友蘇珊娜家裡，那時候我孩子還很小，她的孩子大約三歲。那天晚上孩子睡覺之前，她媽媽來到孩子的房間，幫她把第二天要準備穿的衣服找出來，當時我跟她們一起在房間裡，小女孩一直在跟她媽媽說明天要穿什麼衣服。我發現，我的朋友蘇珊娜很願意去傾聽孩子的想法，讓我印象很深的是，當時這個小女孩搭配的衣服其實在我們大人看來是很不協調的，比如紅色配綠色，看起來花俏的。她告訴她媽媽，她想穿這件配這件，她覺得這件穿起來會是怎麼樣的……，然後她媽媽就說：「我建議你穿這件衣服配那條褲子，還有那條裙子，但是你自己穿什麼衣服是你自己的事情，我可以給你搭配的建議」。這一點讓我留下非常深刻的印象，我這個朋友不是對孩子說你要穿什麼，明天就穿這套衣服就行了，而是很有耐心地跟她的女兒一起去搭配這些衣服，儘管在我們大人眼裡，孩子搭配的衣服看著是奇裝異服時，她也仍然尊重孩子的選擇，讓孩子自己去搭配。後來我發現那個小女孩穿著她自己搭配的衣服特別高興，因為她覺得這是她自己的事情，她自己在做主。像這種很小的事情，比如孩子第二天到底穿什麼上學，我覺得這個真的不重要，重要的是家長願意把孩子當作一個平等的人對待，當成一個跟自己一樣獨立的人去對待，這樣的話，這個孩子就會更有獨立性，這一點是最棒的。

中國和美國的教育差異還有一點差異很大的是，在美國，大人十分尊重孩子的差異性。其實承認孩子和孩子之間的差異真的很難，中國的孩子因為教育或高考的型塑，就像是從生產線上產出的，每個都很像。我記得以前曾經看到採訪中國孩子「你最喜歡幹什麼？」「你的愛好是什麼？」「你對什麼感興趣？」這樣的話題，中國孩子的回答千篇一律，有的說愛學習，有的說想成為科學家等等，往往說法很一致，表現得都很乖巧，每個都中規中矩的；但是在美國如果用同樣的問題問美國的孩子：「你的愛好是什麼？」「你未來想做什麼？」孩子會有各式各樣的奇思妙想，有的孩子甚至說想當農夫，我記得我兒子曾經有一陣子特別想當農夫。

因為在課堂上，老師會讓他們拿向日葵種子來種向日葵，播種後他們就要照料向日葵，等到它長成一棵向日葵以後，發現會結出很多向日葵籽，我兒子覺得很神奇，他發現原來一顆種子可以變出那麼多的種子，所以覺得當農夫很有成就感。很多孩子會有各式各樣的想法和興趣，你從來沒有想過的職業，或者一些事情，美國的孩子可能就會說他對這個感興趣，他們有很多自己的愛好。

每個孩子都是有差異性的，父母都希望自己的孩子好，但是畢竟人無完人，所以不要去比較孩子，這一點其實也是在美國教育當中非常重要的一點。就拿我的兩個孩子來說，他們相差六歲，性格也不同，老大屬於比較保守的那種，不習慣勇敢接受挑戰，所以性格比較溫和，而老二比較喜歡挑戰和冒險。孩子和孩子之間真的有很大的差異性，我們身為父母，首先得承認這種差異性，其次要根據孩子的特性去引導他。這並不是說讓我們的孩子成為天才，或者說未來一定要做什麼，而是讓孩子去做他自己想做的事情。其實中國人在很早以前就知道要因材施教，但是現在要真正做到因材施教卻很難，因為孩子需要統一參加高考，有了高考這個目標，要做到因材施教就更難了，因此在這樣的情況下，家長根據孩子的特性去引導他就顯得彌足珍貴。身為家長，盡量不要為孩子主動設計一些計畫，讓他學鋼琴，讓他學這學那，而是應該發掘孩子的興趣。

在美國，家長們通常的作法是，在孩子很小的時候，比如說上小學以後，媽媽會帶著孩子上各種不同的才藝班，每一樣東西都讓孩子去嘗試，有些課程孩子可能上了一兩節課以後就不感興趣了，而有些課程孩子可能上了以後會發現自己原來對這個感興趣，美國家長這樣的作法其實就是去引導孩子，或者去發掘孩子的興趣。相反地，中國家長容易受周圍人的影響而去比較，而且一比較就會產生焦慮，中國的家長很多時候掛在嘴邊的話是：「你看看誰，隔壁家的孩子都在學鋼琴，我們家孩子沒學怎麼辦呀？」或者「誰都已經會做很難的奧數（奧林匹克數學）了，我們家孩子數學還不怎麼樣」，看到別人家孩子都在彈鋼琴，就認為自己家孩子也得彈，別人家孩子都在上奧數，自己家孩子也得上。其實每個孩子都是獨特的，都有自己的長處或興趣，做父母的不要拿孩子和孩子比較，而要善於發現他的興趣和長處，並加以引導，這一點非常重要。

在美國生活這麼多年，我覺得美國和中國的教育理念最明顯的差異有兩點：第一點就是我剛才提到的，在美國，大人真的是把孩子當成獨立的個體，而不是父母的附屬品，去跟他交流、溝通。第二點是尊重孩子的差異性，美國的家庭在這點做得非常好。尊重孩子的差異性，不比較自己的孩子和別的孩子，避免過度焦慮，我覺得在這樣的環境下長大的孩子，他的內心才會是非常健全的，因為父母的焦慮會傳遞給孩子，孩子也會變得很焦慮，在焦慮中長大的孩子，其實內心是缺乏安全感的。

要想讓自己的孩子成為一個內心很強大的人，父母從小要尊重他們，承認他們的差異性，比如有些孩子在數學方面可能不是特別突出，但是他可能在美術或音樂方面比較出色，真的沒有必要去比較。在孩子的成長過程中，如果家長能做到這兩點我覺得就非常好了。

放手讓孩子獨立，帶三個孩子也能很輕鬆

中國二胎政策完全開放後，朋友們見面的問候語都改成：「你還生老二嗎？」有些朋友打鐵趁熱，追生了老二，而有的朋友則感慨：「心有餘而力不足啊！養一個都管不過來，哪裡還有精力生老二啊？」

我也是兩個小孩的媽，在當了兩個孩子的媽之後，我才越來越覺得生孩子不難，養孩子卻不易，要養好兩個孩子可真是難上加難了。我身邊也有不少朋友問我，生了老二以後有什麼變化？我只能回答他們：「累並快樂著。」

美國沒有計畫生育政策，身邊很多美國朋友大多都有兩個甚至三個孩子。我的好朋友蘇珊就是個三個孩子的母親，我曾經在生了老二以後向她感歎，兩個小孩已經讓我精疲力竭了，你怎麼還有勇氣生老三啊？她半開玩笑地對我說：「生三個才是為人類的人口正成長做出貢獻啊……」我一邊打趣她太有「人類使命感」，另一方面又不得不佩服她在沒有長輩幫忙的情況下，能夠把三個孩子都養育得那麼好。

蘇珊不僅是三個孩子的媽媽，還有一份全職工作，先生是律師，工作也非常忙碌；但是每次看到她和她的孩子們，我不禁感慨，她真是個超人媽媽！她的「超能力」不僅來自她有一套科學的育兒方法，更來自她可以適當借助外力讓自己的生活井然有序。和蘇珊認識很多年了，我常常邀請她和她的三個孩子到家裡做客。三個孩子都很有禮貌，進門會自己把鞋子脫掉放在門口，並且會向大

人問好；在想要玩我兒子的玩具時，會先徵求我兒子或是我的同意：「請問我可以玩這個玩具嗎？」當我拿出好吃的給他們，他們會很有禮貌地道謝，而且最讓我吃驚的是每次在快要離開之前，三個孩子都會非常自動地把玩過的所有玩具整理好，物歸原處。我很好奇，是什麼神奇的方法讓蘇珊能夠輕鬆搞定三個孩子呢？

培養孩子的獨立性

蘇珊最小的孩子湯姆第一次到我們家時還不到兩歲，蘇珊說他最近在學著自己穿鞋子。看著他有點笨拙的動作，我幾次都想上前幫忙，這也就是順手的事，但是被蘇珊制止了，「他可以的，讓他自己來。」當然，蘇珊不是完全在旁邊袖手旁觀，而是在一旁鼓勵孩子：「不要著急，媽媽教過你的，先分清楚哪一隻是左腳、哪一隻是右腳，一步一步來，相信你可以自己穿上鞋子。昨天在蜜雪兒阿姨家你不是也是自己穿的鞋子嗎？」在嘗試了三次之後，小湯姆終於自己把鞋子穿好，臉上露出了勝利的笑容，於是蘇珊高高地舉起右手說：「你看你做到了啊，來擊個掌！」

美國家庭非常重視從小培養孩子的獨立性，孩子在很小的時候就需要自己準備第二天要穿的校服，起床後自己收拾好床鋪，收拾好玩具。正是這樣，兩個孩子也好，三個孩子也罷，孩子自己完成力所能及的家務勞動，自然而然就為媽媽節約了很多時間。

孩子的問題讓孩子自己解決

蘇珊的三個孩子來我們家，常常會同時對一個玩具感興趣，孩子之間也會有些爭執，但是蘇珊從來不充當調解員的角色，每次都很淡定自如地繼續和我聊天。孩子們似乎也不會來找媽媽告狀，而是遇到事情統統自己解決。我很好奇地問蘇珊，你是怎麼做到的？她只是淡淡地說：「孩子之間的事情，讓孩子自己解決。」

我細心觀察蘇珊的三個孩子，通常大姊莉莉會是制定規則的人，比如三個孩子都要看iPad（平板電腦），但是iPad只有一台，於是莉莉提議每人看十五分鐘，然後輪流。老二麥可提出意見，十五分鐘太長了，每人五分鐘，於是三個孩子最後協商出來的結果是每人十分鐘。三個孩子在拿到iPad之後，會自動地調好倒數計時鬧鐘，時間一到，立即拿給下一個人。

美國教育非常強調「分享和輪流」，在學校如果兩個孩子對同一個玩具感興趣，老師也會強調輪流玩，不會出現一個玩具一直被某個孩子霸占的情況。養成了這種「輪流坐莊」的好習慣，就算家裡有再多的孩子，他們也會自然、公平地分配自己的時間和玩具，這樣就不需要媽媽插手操心因為分配不均而產生的家庭矛盾了。

父親角色的參與

蘇珊有時會在週日約我一起喝個下午茶或是逛街，我會很吃驚地問她，那你的三個孩子誰照顧啊？她會覺得我大驚小怪，她說有傑克啊（蘇珊的先生，三個孩子的爸爸）。我說：「傑克可是大律師啊，那麼忙，週日有時間照顧三個孩子嗎？」蘇珊只是淡淡地說：「他是孩子們的父親，無論再忙，父親的角色是任何工作都不能取代的。」所以通常他們家週末兩天，週六由她照顧孩子們，週日則是父子日，蘇珊的先生傑克可以帶孩子們去任何他們想去的地方。

我們有時逛街一時興起會多聊一會兒，我總是擔心地問她：「傑克搞得定三個孩子嗎？你需要提前回家看看嗎？」蘇珊總是堅定地對我說：「我不要插手，我需要自己的時間和空間。」有一個週六蘇珊很興奮地打電話給我：「今天我們一起吃晚飯吧，傑克要帶孩子們去露營。」我說：「哇，露營？他自己帶三個孩子嗎？我簡直不敢相信，他可以搞得定嗎？」蘇珊說，這是他的朋友們規畫的一次只有父親和孩子參與的露營活動，所以媽媽們可以好好地享受一晚上難得的獨處時光。

後來我問傑克，「聽說你自己帶三個孩子露營去了，真厲害！沒發生什麼狀況吧？」傑克一臉驕傲地說：「其實我一開始也有點打退堂鼓，因為我從來沒有獨自帶三個小孩去外面露營的經歷；但是我後來發現，這真是太棒了！孩子們雖然一開始有點想媽媽，但是在我們四個人獨處的時候，原來他們如此地需要我。我們四個人擠在一個帳篷裡，我為他們講故事，這種體驗簡直美妙極了！」這不禁讓我想起中國曾經有段時間很紅的親子節目《爸爸去哪兒》。

做媽媽的總是擔心爸爸不能照顧好孩子，但其實爸爸的潛力是無窮的，讓父親更多地參與孩子的成長，不僅可以讓媽媽有屬於自己的時間和空間，對父親和孩子建立更好的親子關係也是非常有益處的。

抓大放小，美國父母的豪放育兒法

我常常在我的臉書上看到一些蘇珊發的孩子們的照片，發現她會讓孩子隨意坐在地上玩耍，即使在地上打滾都沒事，衣服上經常弄得髒兮兮的，我想大多數媽媽看到這樣的照片，內心是崩潰的吧。是的，美國人帶孩子真的很豪放！在中國，在我家社區裡經常聽到這樣的對話：「哎喲，地上很髒啊，不要坐在地上。」「地上很涼啊，你這樣會感冒的。」

在美國，孩子常常光著腳丫子到處走，甚至整個人都在泥漿裡打滾。蘇珊曾經發給我一張她的孩子在玩泥漿的照片，老實說我看到這張照片的第一反應是「這太誇張了吧，回去怎麼洗啊」，但是蘇珊很興奮地和我說，孩子們玩得真是太開心了。

仔細觀察，其實蘇珊並不是完全沒有原則地讓孩子們瞎玩，她曾經對我說：「養孩子嘛，一定要抓大放小，原則性的問題一定要堅持，比如安全問題，在停車場裡絕對不能亂跑，絕對不能接受陌生人的食物等等；但是在沒有原則性和安全問題的前提下，孩子就該釋放出他們的天性，髒一點、餓一點都沒有關係，就讓他們隨心所欲地玩耍吧。」中國人人都在討論「二胎化」開放的今天，每個家庭的財力、物力、人力、精力都各不相同，生不生第二胎應該是一個家庭夫妻雙方共同的決定；但是，無論生幾個孩子，培養孩子的獨立性，養成良好的分享習慣，讓父親更多地參與家庭教育，該放手的時候學會放手，無論對於母親、對於孩子，還是整個家庭，都是非常有益處的。

做一個善於向孩子求助的媽媽

有一陣子我媽媽生病了，醫院、家裡兩邊跑，工作、孩子兩頭忙，自己都快累得虛脫了。因為事情來得突然，一直沒有找機會和我兒子詳細地談這件事情，兒子只知道外婆生病，媽媽變得比原來更忙碌了。

有一天早上，我七歲的兒子突然對我說：「媽媽，我想找你聊聊！」我很吃驚，一時沒反應過來，他究竟想找我聊什麼。「媽媽，我知道外婆最近病了，我也放假了，我想我可以幫你做點什麼。」他說這話的時候，一臉真誠和篤定，但是仍然掩飾不了滿臉的孩子氣。我佯裝鎮定，其實內心無比感動，我突然意識到，最近的確沒有把整件事情好好地和兒子談談，我攬他入懷，把整件事情的來龍去脈都一五一十地和兒子聊開了。

從兒子很小的時候開始，我和他之間就養成了平等聊天的習慣，家裡的事情也會統統和他講開，雖然有時候有些事情比較複雜，孩子一時之間不一定完全能理解，但是平等對話的習慣一直是我們家的風格。

我一直是個善於向孩子「求助」的媽媽，家裡的困難也會讓孩子知道，因為我一直認為孩子其實比我們想像的更加堅強！每次帶兩個孩子去醫院看我媽媽，都要經過一個很長的地下通道（中國的地下通道對殘疾人士或者單獨帶孩子上街的父母來說簡直太不方便了），我一手抱著不會走路的老二，一手拿著小推車要上下那麼多級台階簡直是不可能完成的任務，每當這個時候，大兒子總會自動地充當我的小助手，看著他艱難地幫我從台階上緩慢地搬運比他的體重輕不了多少的嬰兒推車，我都感覺既心疼又驕傲！大兒子有時還會主動和我比賽，看是我抱著弟弟走得快還是他搬運嬰兒車走得快，我們就這樣嘻嘻哈哈地一趟趟往返於醫院和家。

中國的父母很多時候總是把壓力和困難都往自己身上扛，卻把孩子庇護在自己的羽翼下面，殊不知這樣做不僅不能幫助孩子成長，反而會讓孩子成為「溫室裡的花朵」。

俗話說「窮人的孩子早當家」，雖然現在孩子們的物質生活越來越好，但是每個家庭總會在這樣那樣的時候遇到一些麻煩或是困難。告訴孩子真相，把孩子真正視為家庭的一分子，和他一起出謀劃策，一家人齊心協力去努力地解決問題，你會發現孩子其實比我們想像得更加堅強、樂觀！

「不要害怕告訴孩子真相，讓孩子在生活的困難中學會堅強！」這是我的朋友亞曼達幾年前曾經跟我說的話。那時正好遇到全球金融危機，美國許多公司在一夜之間倒閉，很多人一下子丟了工作，其中也包括亞曼達的先生湯姆，家裡少了一份收入，經濟變得非常拮据。

他們的兒子大衛當時在上小學三年級，從小很喜歡下西洋棋，一直都有請私人老師上課。家庭經濟變得拮据以後，為了讓大衛能夠繼續上西洋棋課和應付家裡的其他開銷，湯姆和亞曼達不得不去打些零工添補家用，常常需要早出晚歸。亞曼達告訴我，有一天大衛小心翼翼地問她，「媽媽，家裡是不是發生什麼事情了？我覺得你和爸爸最近很累，脾氣也沒以前那麼好了，你們怎麼了？」

她決定告訴孩子真相，大衛聽完後默默地走回自己的房間，關上房門。亞曼達說她擔心了一個晚上，不知道第二天該怎麼面對孩子，可是她萬萬沒想到的是，第二天早上，大衛鄭重地告訴她：

「媽媽，我已經長大了，我覺得我有責任分擔家裡的困難。因為你說過，我們是一家人，要永遠在一起，所以我想把我的西洋棋課暫時取消。我已經想好了，其實有很多網路線上課程我可以上的，這樣的話你們就不必再為我交錢找老師，我保證我還是會很努力的……」

我仍然清楚地記得亞曼達跟我說這段話的時候，眼睛裡閃著淚光。後來事實證明，大衛的棋藝非但沒有落後，還有不小的進步，她的先生湯姆也很快找到了工作。

中國的父母總是默默承受所有壓力，卻把孩子保護得太好了。其實在孩子面前我們沒有必要佯裝堅強，告訴他們家庭的困難、生活的艱難，讓他們真正參與到家庭的計畫中，你會發現，孩子遠比我們想像的更加堅強！

一個美國媽媽的家規

中國自古很多家庭都有家規，大多數是一些遵紀守法、尊老愛幼、互助互愛的條條款款，比如下面這個家規。

中國的常見家規

1. 跌倒了，只要摔得不是很重，就要自己爬起來。
2. 自己的事情自己做，盡量不要依靠爸爸媽媽幫助。
3. 能動手了，就要自己吃飯，按時吃，過後不補，不得偏食。
4. 必須按時睡覺，不得哭鬧。
5. 好吃的、好玩的東西，要與大家分享。
6. 不許打人、罵人。
7. 要愛護自己的玩具和相關物品。
8. 借其他人的玩具要及時歸還。
9. 有什麼要求好好講，不得無理取鬧。
10. 要愛護花草和小動物。
11. 要知道長幼尊卑，尊老愛幼。

美國普通家庭也有家規，跟中國家庭的家規相較而言，美國的家規顯得更具體，並且不是那麼地循規蹈矩。

美國前總統歐巴馬曾對外公布他給兩個女兒制定的家規

1. 不能無理地抱怨、爭吵或者惹人討厭地取笑。
2. 一定要鋪床，不能只是看上去整潔而已。
3. 自己的事情自己做，比如自己沖麥片或倒牛奶，自己設置鬧鐘，自己起床並穿衣服。
4. 保持玩具房的整潔。
5. 幫父母分擔家務，每週一美元。
6. 每逢生日或是耶誕節，沒有豪華的禮物和華麗的聚會。
7. 每晚八點三十分準時熄燈。
8. 安排充實的課餘生活：瑪麗亞練習跳舞、排戲、彈鋼琴、打網球、打橄欖球；莎夏練體操、彈鋼琴、打網球、跳踢踏舞。
9. 不准追星。

下頁是我的一個美國朋友家裡制定的家規，我們可以從中了解中美家長對孩子行為規範的相似與不同之處。

1 必須對見到的人先打招呼，受到別人任何恩惠和幫助必須口頭或書面表示感謝，做了給別人添麻煩的事情一定要當場道歉。

這一項是最基本的禮儀教育。在美國大街上，兩個素不相識的人也會親切地打招呼，我記得我剛到美國的時候，經常會有迎面走來的人對我友善地「hi」一聲，一開始很不習慣，不過慢慢地自己也養成了跟陌生人打招呼的習慣。特別是在早上，一句來自陌生人的早安，常常讓人一整天都如沐春風。很多朋友到美國旅遊也常常對我說美國人特別熱情，我想和美國家庭的禮儀教育是密不可分的。

2 公共場合（除了可以放開玩的地方以外）說話音量控制在不讓第三個人聽到的範圍。

這一項是公共場合的行為規範。有教養的美國人說話總是輕言細語的，尤其在餐館裡，就算是鄰座也很難聽清別人的對話，高聲喧嘩更是一種粗魯的行為。美國的孩子從小被要求在公共場合要尊重別人，不能高聲喧嘩，這也是從小需要養成的好習慣。

3 不願意告訴爸爸的事情，你可以只告訴媽媽；不願意告訴媽媽的事情，你可以只告訴爸爸，但是不能對兩者都不說。

美國家庭非常尊重孩子的隱私，孩子並非所有事情都必須讓家長知道，孩子和父親或母親之間也可以分別有祕密，而父母之間是不能「串供」的。

4不許撒謊騙人，否則你會失去朋友和家人最寶貴的信任，讓你後悔一生。

和中國家庭一樣，誠實是每個孩子都需要學會並且做到的事情。

5如果不能避免打架，不許用工具和牙齒，也不許戳眼睛、耳朵，除此以外可以狠狠地打，而媽媽則希望你能打贏。

美國媽媽一般遵從「孩子的事情由孩子自己解決」的原則，孩子之間難免會發生矛盾衝突，孩子之間打架也在所難免，在不傷害彼此身體的前提下，媽媽鼓勵他們自己去解決問題。

6掉在地上的硬幣可以撿起來拿回家存起來，但是別人的錢包不能據為己有。

美國孩子也從小培養拾金不昧的行為規範，這一點和中國教育有異曲同工之妙。

7別人真誠款待你吃東西，如果你不喜歡的話可以說「我吃飽了」，但是絕對不能說很難吃。

這一項家規我還挺欣賞的，雖然說童言無忌，但是如果能夠照顧到別人的感受，這樣的孩子長大後情商一定不會太差。

8任何食物和東西都是有生命的，絕對不能想吃就吃，想扔就扔。

美國教育也要求從小培養孩子愛惜糧食、勤儉持家的好習慣。

9 必要時要遵從團體和權威的意見，但是內心一定要保持自己的想法。

這一點美國教育和中國教育有很大的不同。中國教育多強調「權威」的作用，老師說的話總是對的；但在美國教育裡，更強調「挑戰權威」，保持自己獨特的想法，我想這也是美國孩子更富有創造力的原因吧。

10 你的生命比什麼都重要！

當你感覺到有生命危險和必要的時候，你可以無視對方，大聲地喊叫，還可以撒謊、咬人、戳人的眼睛、偷東西、打壞任何貴重的東西，你聽說過的任何規矩都不用遵守，因為你的生命比什麼都重要！

看到最後一點，我莫名地有點感動。一切的規矩、行為規範都是在安全的前提下，但是世界上沒有任何東西比生命更為重要。在遇到生命威脅的時候，想盡一切辦法讓自己脫離危險，是必須教會每一個孩子的。我想如果中國的孩子在遇到危險的時候也能夠記住這一項，就不會出現火災發生的時候「讓上位者先逃走」那樣的悲劇了。

管教孩子的三重境界

熊孩子（編註：形容調皮不懂事的孩子，沒有受到良好的家庭教育。）哪個國家都會有，並不是只有中國有熊孩子，美國其實也有熊孩子。對於管教孩子這個問題，美國的家長會把孩子當作獨立的個體；而在中國，有一句古話叫「油鹽出好菜，棍棒出好人」，或者「棍棒底下出孝子」。中國的傳統認知是，父母是高高在上的，父母給了孩子生命，子女什麼都要聽父母的，所以中國的家長打罵孩子是比較普遍的。在美國，打孩子是犯法的，不光打孩子犯法，在很多州，如果路人看見一對父母在打孩子，那麼看見的人不報警的話也是違法的。因此美國的家長管教孩子會用除了打以外的方法，首先家長要把孩子作為平等的個體對待，其實只要跟孩子保持良好的溝通，父母不需要打和罵，就可以達到警示和提醒的作用。在我看來，管教孩子有三重境界。

第一重境界——打孩子

中國人經常說的棍棒底下出孝子，用「打」來教育孩子。孩子比較小的時候，會屈服於父母的權威，不得不聽話，但其實很多被打的孩子並不是心裡服氣，而是不得已、沒有辦法，只好屈從於武力；但是作為家長可以設想一下，當孩子長到兩歲、三歲，你可以打他，等他長到十二歲、十三歲甚至二十幾歲時，你還可以打他嗎？恐怕到那時候家長想打也打不動了。

第二重境界——罵孩子

罵孩子雖然說可能比打孩子稍微好一點，但實際上也是一種語言暴力，孩子在父母語言威懾的情況下，雖然屈從了，但很多時候他並不知道為什麼父母要他這樣做，他為什麼在調皮的時候，就要聽父母的話，很多時候罵孩子也會增加孩子的抵觸情緒。

第三重境界——眼神

就拿我的孩子來說，我的兩個孩子都是男孩，他們也會調皮，但我從來不打罵他們。我採取的管教方法是，眼睛要與孩子平視，我覺得這一點非常重要。因為眼睛平視後，孩子會覺得大人與他是在平等的狀態下進行溝通。我通常的作法是，我的孩子在公共場所特別調皮的時候，我會把他帶到一個角落裡，比如餐館的一個角落，或者帶到周圍沒有人的地方，然後蹲下來，告訴他：「請你看著我的眼睛，我要告訴你剛才的情況，你的行為有點太調皮了」，當我蹲下來用眼睛看著他的時候，認真地告訴他這樣的情況時，基本上他就知道他的行為有點太過於調皮了。如果在家裡的話，家裡有客人在的時候，我從來不會當著客人的面訓斥我的孩子，我覺得孩子也是需要面子的。我常採取的作法是，把孩子帶到房間，讓他坐在他的床上，我搬一個凳子坐在旁邊，我會很嚴肅地跟他說，這件事他做得很不對，通常這個時候我的孩子就會知道媽媽在說一件很嚴肅的事情。

現在在中國，打孩子的家長也慢慢減少了，但是很多家長在跟孩子溝通的時候，通常是居高臨下、趾高氣揚地，用命令的語氣說你該怎麼樣去做，孩子的第一反應是抵觸的。從心理學來講，處於劣勢的人會增加自己的防備心理，所以就算家長說得有道理，孩子也不會心甘情願地接受。我覺得與其講如何懲罰孩子，還不如說如何更好地跟孩子溝通。我的作法是，從孩子會站起來開始，我就蹲下來跟他說話，眼睛平視他，這樣就可以增加孩子的自信心，因為自信的孩子才能夠看著別人的眼睛說話。一開始，我的孩子跟我說話時，我讓他看著我的眼睛，他總是東張西望的，我告訴他，和別人說話的時候眼睛看著對方是對別人的尊重，看著別人說話，你就更能通過眼神傳達更多訊息給對方，所以到現在為止，我的孩子無論是在外面還是在家裡玩得再瘋的時候，只要我對他說，請你看著我的眼睛，他就知道我是在跟他說很嚴肅的事情。

歐美的很多家庭，包括在學校裡，很多時候管教孩子經常採用的一種方法是「計時隔離」（time out）。什麼叫計時隔離？英文 time out 是從比賽中的暫停延伸而來的，後來慢慢地演變成家庭和學校裡糾正孩子行為的一種方式。當孩子在做出一些調皮或不能讓管教者接受的行為時，管教者會暫時將孩子從當時的環境中隔離出來，目的就是讓孩子脫離當時的環境，讓他冷靜地思考自己的錯誤，從而實現對孩子的管教或懲罰。

我曾經和我兒子學校的老師聊過這件事情，因為在美國家長不能打孩子，遇到熊孩子的時候，家長使用比較有效的方法是禁止孩子做他比較喜歡做的事情。比如說，孩子本來可以看二十分鐘的電視，但是他調皮搗蛋，家長就會取消他看電視的權利；或者孩子調皮的時候，本來計畫是要帶他出去玩，或帶他去看足球比賽，然後家長就會剝奪孩子的這項權利，讓他明白事情的嚴重性。美國的學校也會實行計時隔離管教法，但老師絕對不會體罰學生，因為這是違法的；老師會讓孩子計時隔離，比如罰站，當別的小孩都在遊戲，這個被計時隔離的小孩就只能看著，或只能站著看，不能參與，這樣也能達到對孩子懲戒的效果。

其實，計時隔離管教法的優勢比較簡單，能讓孩子從心理上短暫地從當時的環境脫離。我剛才說的用眼神平視的方法，把孩子帶到沒有人的地方，或者在家裡把他帶到他的房間去講道理，其實也是某種程度上的計時隔離；但在美國，計時隔離有時只是讓孩子面壁思過，或者關小房間的方式。我通常不僅僅是讓孩子到自己的房間裡去，而是會跟著他一起到房間裡聊聊剛才發生的事情，我兒子在聊完之後，他會哭起來，承認自己剛才的行為真的很不對。通常這個時候，我會擁抱他、安撫他，告訴他「這件事也不是非常嚴重，只是你剛才的行為很不對，我希望給你留面子，才把你帶到房間裡」，等他冷靜過後，我會抱抱他，對他說：「媽媽相信你會改正，媽媽出去的時候，希望你能聽進我剛才說的話」，等孩子重新回到大家所在的地方時，他就會冷靜下來。小孩子都喜歡耍人來瘋，把他從當時的情境下抽離出來，其實對於糾正他的不當行為是種比較好的方法。

計時隔離的操作性比較靈活，沒有一定的規範，而且其實中國很多家長也都在用，包括讓孩子面壁思過，或者關小房間，其實都是某種程度上的計時隔離；但是，我不建議把計時隔離單純地變成面壁思過，或者關小房間或關廁所裡，因為有的時候這樣會對孩子的心理造成一定的負面影響。我記得我有個朋友說過，她採用計時隔離管教法把他家孩子關進廁所過，結果很長一段時間，他家孩子特別怕進廁所，因為他孩子會覺得廁所是被懲戒的地方，對這個房間產生恐懼的心理，所以單純地對孩子實行計時隔離並不是一個很好的方法。把孩子從當時的情境裡拉出來，比如他在餐館或遊樂場特別瘋鬧的時候，帶到一旁沒有人的地方，這並不是說讓他離開，不要玩就行了，而是這個時候家長一定要陪著他，跟他講道理，告訴他剛才哪個地方做得不對，需要怎麼遵守規定，孩子就會從心理上接受。不讓他玩，讓他在旁邊站著，這樣也不好，無論是在公共場所，還是在家裡，家長都要給孩子足夠的面子。

很多時候，我覺得管教或懲戒孩子，需要家長和孩子建立一種規則，什麼事情是要被懲罰的，怎麼懲罰，懲罰多久，這些需要家長和孩子一起來建立規範。之所以強調「一起」，是告訴大家：不是家長制定規則，孩子來遵守，而是一起來制定規則。我們家其實還有一個管理孩子的方法，就是執行「累計星星」的方法，我會跟兒子一起建立這個規則，比如他表現得好，每天按時做作業，做得比較好，或者幫我們拿碗筷，放到洗碗機裡等，都是可以累計星星的，而他得到的星星可以一比一兌換成零錢來買玩具，我的孩子不是從小想買什麼玩具就讓他買，而是他要透過自己的努力去累計到足夠的星星，再用星星去兌換玩具，如果他的星星沒有存到一定的量（在我們家是一顆星兌換一美元），比如他要買的玩具是三十美元，而他的星星只夠兌換二十美元，我是無論如何都不會買的。他知道無論他多麼喜歡，我都不會買，所以長時間下來，他也會形成這樣的習慣了。我兒子會經常去看他累計的星星，然後非常高興地去商店選購他喜歡的玩具。當星星數量不夠的時候，他看到一個比較貴的玩具，他知道我不會買給他，在這件事情上他會非常節制，不會大哭大鬧。要買什麼玩具，他會按星星的數量來衡量。

所以同樣地，跟獎勵機制相對應的是懲罰機制，他表現不好，比如作業做得不好，或者其他方面做得不好，是會扣星星的。這樣有獎勵有懲罰，孩子就會知道他表現好會為自己帶來一些好處，可以去買他的玩具。如果表現不好，就會被扣星星。在現在物質這麼發達的年代，很多孩子的生活條件非常好，我不想讓自己的孩子從小想要什麼就得到什麼，因為我覺得那樣的孩子沒有靠自己的努力和行動獲得的東西往往不會珍惜。

我家的累計星星制度從孩子很小的時候就開始執行，也因此我的孩子十分節制，他看中一個玩具後，會在櫃台那裡流連忘返，他知道我絕對不會買給他，他會對我說，媽媽我的星星不夠，但是我想在櫃台上看五分鐘。我說可以，他就會看五分鐘，時間到了就會跟我走，絕對不會哭鬧。我在中國看到有些孩子想要什麼玩具沒有得到滿足，就滿地打滾，我非常不喜歡這樣的情況發生。

只要家長和孩子建立一個契約性質的制度，而且家長一定要堅持這個規則和原則，不要經常妥協，孩子就會養成遵守規則的習慣。比如當孩子很想買一個玩具，而他累計的星星又不夠，這時候家長如果幫孩子買了，下次他就知道這個規則是容易被破壞的。因此，首先家長應該跟孩子一起建立規則，其次家長要做的是堅持這樣的規則，孩子在遵守規則的時候，會跟家長建立一種契約關係。這樣的契約精神對孩子來說是很好的，可以讓孩子很好地控制自己的欲望，鍛鍊孩子的自制能力，我覺得這點對於孩子來說也特別重要。因為這個世界充滿了各式各樣的誘惑，一個自制能力強的孩子，未來才能真正成功。不是說今天晚上想打遊戲，就不做作業跑去玩了，而是說在做完作業後去打五分鐘遊戲，順序應該是先做作業再打遊戲才是。

美國雙薪家庭如何帶孩子

在美國有很多家庭父母雙方都是需要上班的，當然也有很多是全職媽媽不用上班。美國跟中國不一樣的是，老人基本上不會幫助子女帶孫子，這點跟中國很不一樣。因為在美國，很多爺爺奶奶、外公外婆有自己的生活，而且老人認為自己是沒有義務幫子女帶第三代的，也因此美國的雙薪家庭很辛苦；但是，美國父親在照顧家庭和帶孩子這方面的角色，比中國的很多父親做得好很多。

在美國，我覺得父親的形象跟中國的不太一樣，在中國父親的愛是比較深沉的，而且會覺得自己在外掙錢，管教孩子的責任應該落在母親的身上；但是在美國的話，父親更多時候是像孩子的年長玩伴，引導孩子的同時也陪伴孩子成長。我記得曾經看過一個影片，是在講父母對孩子的了解程度，其中爸爸對孩子的了解普遍低於媽媽，但是在美國有資料統計，從一九六五年到二〇一一年，父親參與教育孩子、陪伴孩子的時間越來越多了。現在美國出現了很多全職爸爸，媽媽在外面上班，而爸爸來照顧家庭。在美國，我覺得男人和女人相對更平等，不像在中國，越來越多的媽媽擔負起照顧孩子的重任，而父親的參與度不夠。

美國父親的參與度很高，首先美國很多時候會有一些俱樂部、協會，或者教會活動是鼓勵孩子和父親來參加，讓媽媽放假。有時是父親帶著孩子出去過週末，媽媽就可以放假，或者夫妻雙方週末兩天輪流帶孩子，比如週六是媽媽帶孩子，週日的時候是父子日或父女日，就是父親全權接管孩子，帶孩子去任何想去的地方。我記得有朋友參加過只有父親參與的親子露營活動，整個活動只有爸爸和孩子參與，媽媽就可以享受一個人獨處的時光，後來聽參加過活動的朋友說，那些父親都表現得很好，或者至少比想像中表現得好。其實父親的角色跟母親的角色是完全不同的，雖然父親沒有母親那麼細心，但是會帶給孩子更開闊的思路。

美國還有童子軍組織，大多是男孩參加，當然也有女童軍。童子軍裡舉辦的活動，很多時候基本是父親帶著孩子去參加的一些活動，他們會去露營，會去野外生存，會去攀岩、做極限運動、划船等活動，更多的是需要父親參與其中，而這些活動能夠大大地促進父子的感情。

作為美國的雙薪家庭，在我們家，早上我和孩子的爸爸其中一人會送孩子去上學，另一個就可以早點出門，下班回家的時候，早出門的人可以早下班，晚出門的人可以晚下班，這樣就能把時間錯開，兼顧雙方的工作和生活，下午接了孩子以後，可以送孩子上一些課外班或課後班（after school）。

在美國，雙薪家庭帶孩子挺辛苦的，但是美國的家長很多時候很想得開，他們並不會把自己完全地拴在孩子身上。因為美國很多州規定十四歲以下的孩子不能單獨待在家裡，所以他們在週末的時候，會請半天的保姆在家裡幫助照顧孩子，這樣就能出去看個電影或吃個飯來緩解一下疲憊的身心。美國有相應的網站和App可以找到這種臨時保姆，這些臨時保姆都是經過背景調查的，也讓父母比較放心，雇傭保姆或找鄰居幫忙看顧孩子，爸爸媽媽就可以有段時間稍微放鬆一下。

相對中國來說，美國父母週末與孩子相處的品質是比較高的。中國的很多父母週末都是「低頭族」，在家裡看孩子的時候也不停地滑手機，但是美國雙薪父母會帶孩子出去，有時去博物館或圖書館，有時帶孩子去戶外運動，一家三口或一家四口到大自然徒步，很多時候會去做一些戶外活動。我經常看到一家三口或四口騎自行車到郊外徒步、爬山等，或帶孩子去聽聽音樂會，去博物館等。

在美國，父親和母親這兩個角色相對來說更平衡。不像在中國，照顧孩子基本上是媽媽的事情，爸爸的角色就是賺錢。在美國就算是有全職媽媽，靠爸爸掙錢養家，但是到了週末或者爸爸相對比較輕鬆的時候，父親的參與度一定是很高的。即使有全職媽媽，週末父親也會放一天假，盡量放下手邊的工作，帶孩子到戶外活動，或者帶孩子參與音樂會、去博物館逛逛。美國父親和母親的分工相對來說比較平衡，也因為比較辛苦，美國的家長很多時候帶孩子帶得比較豪放，他們不會拘泥於一些細節，比如孩子餓了髒了，他們可能更看重的是和孩子之間的親子互動，比如一起閱讀，一起去圖書館借書，一起去博物館，我覺得這點是值得中國家長學習和借鑒的。

在家長分工上，父親的參與度不僅很高，而且即使是全職媽媽在家照顧家庭，美國爸爸對全職媽媽的感激和理解也是非常到位的，他們非常感激有一位全職媽媽為了家庭不上班，犧牲自己的事業去照顧孩子，這一點非常好。像我的一個美國朋友，他的太太在家全職照顧孩子，我們聚會時，他在很多場合都會說：「我太太很辛苦，帶孩子真的很辛苦，她真的很了不起，我非常感激她。」我覺得這樣做其實是丈夫對妻子在家庭中所付出的一種肯定，我不只一次聽我的美國朋友說起自己的太太是全職太太，照顧家庭很辛苦，我也很欣賞這樣的夫妻關係，夫妻雙方在家庭的分工是比較平衡、公平的，父親在教育孩子的過程中也扮演著非常重要的角色。

做孩子的玩伴——美國父親的角色

在美國，父親節和母親節一樣是富有意義的日子。父親節那天，我遠在美國的朋友蘇珊傳給我一張她的孩子們認真為爸爸準備父親節禮物的照片，雖然只是一張看似簡單的父親節卡片和一個小手作品，但是看得出孩子們在用心地表達對父親的愛。

中國和美國父親對孩子愛的表達方式很不相同，我今天想分享兩個關於父愛的小故事。父愛有很多種，你屬於哪一種？

中國父親——愛孩子愛得深沉

我的一個朋友是大學老師，她曾經講過這樣一個故事。大一剛入學，有次班上開班會，主題是「那些讓我溫暖的故事」，班上很多同學分享的都是陌生人幫助自己，讓自己感動的故事。

只有一個來自四川的學生說，五一二大地震時她正在學校上課，突然感到整個教室在搖晃，頓時大家慌作一團。樓梯上往下跑的人很多，她在人流中被擠得東倒西歪，萬幸的是最後還是及時跑了出來，但是心裡的恐懼卻一陣陣襲來無法控制，她想打電話回家，但地震後通信信號也中斷了，根本無法打電話。

不知過了多久，她突然在操場上看到一個熟悉的身影，她的爸爸滿頭大汗、氣喘吁吁地出現在學校裡，在慌亂的人群中撥開一個又一個的人在尋找她。那一刻，她的眼淚止不住地湧出，原來她的爸爸擔心她的安危，不顧餘震的危險，步行幾個小時來到學校確認她平安無恙。

她說，她的爸爸平時工作很忙，而且對她非常嚴厲，所以她常會覺得爸爸似乎沒有想像中那麼愛她，但是在那個驚慌、無助的時候，爸爸的到來，讓她頓時覺得很踏實、很溫暖，因為她知道雖然她的爸爸平時不善言辭，但是在萬分緊急的情況下，爸爸首先想到的仍然是她。

這是一個典型的中國父親的故事。中國的父親不善於對孩子表達愛，但是他們的愛卻是那樣地深沉，「父愛如山」是對中國父親最好的詮釋。

美國父親——陪伴是最長情的父愛

「男主外，女主內」是幾千年來中國人對於家庭的定義。照顧家庭、陪伴孩子是媽媽承擔的角色，爸爸的任務就是掙錢養家。

前段時間我在網路上看到一個關於父母對於孩子了解程度對比的影片，影片中爸爸們對孩子的了解明顯少於媽媽們。

我曾經和我的美國好友蘇珊的先生——傑克討論過關於美國人眼裡「父親」這個角色的含義。傑克說，美國家庭中父親的角色更像是孩子一個更年長的玩伴，引導孩子的同時，更多的是陪伴孩子的成長。

傑克是一家律師事務所的合夥人，工作十分忙碌，他同時也是三個孩子的父親，但是他的同事都知道他有個不成文的習慣，每週六是他固定的「父親陪伴日」。在這一天，他會盡量放下手邊的工作陪伴孩子，有時帶孩子們去嚮往已久的兒童樂園，有時帶孩子們去看他們喜歡的棒球比賽，有時甚至只是帶著孩子們在家裡修剪院子內的花草。他說陪伴孩子的時間是他繁忙工作之餘最放鬆的時光。

傑克曾經在兒子麥可考完期末考試後，陪兒子通宵打電腦遊戲，這個看似瘋狂的舉動卻贏得了麥可的大力讚賞。麥可告訴我，「蘭蘭阿姨，你知道嗎？我爸打 Minecraft（美國小孩喜愛的一款電腦遊戲）打得真是太棒了，我以前從來沒想過我爸可以這麼厲害。就一個晚上，傑克無所不能的「高大」形象就成功俘獲了兒子的心。

我後來曾經調侃過傑克，「麥可告訴我你打 Minecraft 很厲害喔，他還悄悄告訴我你現在是他的新偶像了呀！」蘇珊也在一旁幫腔道：「是啊！麥可現在可崇拜傑克了，他在學校的事情都願意回來告訴傑克，他們簡直不是父子，是兄弟了。」

把父子關係處得像兄弟，我想這是一個更高的境界了吧！在中國的傳統裡，有「嚴父慈母」之說，但在美國，陪伴是最長情的父愛，父親對於孩子更像是年長的玩伴！

細細想來的確是這樣，美國父親陪伴孩子的時間明顯多於中國的父親們。我中國的朋友常常向我抱怨老公忙，需要經常出去應酬而不能在家陪伴孩子，就算在家也是低頭一族，手機不離手。在美國，我身邊也有很多非常忙碌的父親，無論是公司的 CEO 爸爸還是繁忙的律師爸爸，他們每週都會抽出固定的時間陪伴孩子。

下面這張圖是美國父母一九六五年和二〇一一年在工作、做家務和照顧孩子三方面每週時間的對比圖。從圖中我們可以看出，在美國，雖然掙錢養家的主力仍然是父親，但是父親也越來越多地承擔起照顧孩子和做家務的責任。

我曾經看過一篇文章，美國權威的《科學人》撰稿記者保羅·雷伯恩（Paul Raeburn）曾經花了八年的時間進行研究，發現父親在孩子的成長過程中扮演著極其重要且不可替代的角色，除了養家糊口外，父親還是孩子的朋友、媽媽的愛人、家的保護傘。父親的陪伴更能讓孩子感受到爸爸對自己的重視和家庭的幸福和諧，也可給孩子更多充滿愛的感覺，而父親給孩子的這種感覺恰恰是母親不能給予的。

在孩子心裡，爸爸的陪伴勝過任何昂貴的玩具，一家人其樂融融的相處時光，就是對孩子愛的最好表達！所以，請看到此文的各位爸爸們放下手中的手機，推掉那些可有可無的應酬，好好陪陪孩子吧！

1965～2011 年美國的母親與父親的角色分工
每週花費的平均時間

	1965 母親	1965 父親	2011 母親	2011 父親
照顧孩子	10	2.5	14	7
做家務	32	4	18	10
工作	8	42	21	37

資料統計來源：美國 18～64 歲之間且家裡有 18 歲以下孩子的父母。

美國也有「孟母三遷」

我和幾個史丹佛的校友聚會時，因校友聚會的習俗，大家免不了八卦一番那些史丹佛傑出校友的成長史，其中當然少不了Google的創始人之一謝爾蓋．布林（Sergey Brin）。

謝爾蓋．布林的成長過程非常特殊，抱著嚴謹的學習態度，我把這位傑出校友的「前世今生」好好考查了一番，才發現這位傑出校友的背後有一對了不起的父母。

為了布林的成長，他的父親老布林可謂是費盡了心思。下面我們就來看看Google創始人謝爾蓋．布林的老爸是如何一步一步為布林創造成長環境，培養他走向成功的。

第一步——改換成長的大環境

謝爾蓋．布林一九七三年出生在蘇聯（現今的俄羅斯）首都莫斯科的一個猶太家庭，布林的爸爸麥可．布林是蘇聯計劃經濟委員會的經濟學家，而媽媽在蘇聯石油天然氣公司的實驗室工作。整體來說，在二十世紀七〇年代，布林的家庭在莫斯科應該是過得很不錯的。

當時蘇聯是美國的敵人，並且非常排斥猶太人，老布林在讀大學的時候就曾因為蘇聯排斥猶太人的政策無法就讀自己非常喜愛的天文和物理專業，最終無奈地選擇了數學。

布林出生以後，老布林非常擔心小布林也同樣受到不平等待遇，一樣受到歧視，於是為了小布林能夠獲得更好的成長環境，在一個不受歧視的環境下讓身心健康成長，老布林毅然決然地在一九七八年做出一個驚人的決定——全家移民美國。要知道在那個時候蘇聯的大環境下，想要移民美國簡直和叛國沒有什麼兩樣。

一九七八年九月，老布林剛剛提出美國的簽證申請，他和布林的媽媽就雙雙被單位開除了。在接下來的一年裡，他們全家過著朝不保夕的生活，基本沒有穩定的生活收入來源，但即便如此也沒有動搖老布林想要為小布林提供一個自由發展的成長環境的決心。

當美國簽證下來以後，布林全家仍然無法順利出行，老布林帶領全家歷經千辛萬苦，搬家的距離跨過整個歐洲和大西洋，先後輾轉到奧地利的維也納、法國的巴黎，最後終於在一九七九年十月二十五日抵達美國紐約。

古有「孟母三遷」，今有「布父移民」，可以說謝爾蓋·布林今天能夠成功，他的父親功不可沒。試想一下，如果當初老布林不排除萬難帶著全家移民美國，提供布林自由成長的環境，何來今天的Google，何來今天戰勝圍棋世界冠軍的 AlphaGo（人工智能圍棋軟體）？

第二步——改換學習的環境

各位爸媽別以為布林一家到了美國就萬事大吉，布林就不會受到歧視了，非也！為了讓兒子能夠盡快融入美國社會，老布林特地送小布林進了一所猶太學校 Mishkan Torah Hebrew School，但是布林在這所學校裡還是受到了歧視，原因很簡單——他有很重的俄國口音。

老布林會怎麼辦呢？他繼續為兒子換地方，當然這對於地皮都沒踩熱的老布林來說並不是一件容易的事情，但他還是做到了。為了兒子他搬家跨越了半個地球，這點困難算什麼！最終，他把兒子轉到了另一所學校 Paint Branch Montessori School，這所學校以師生友愛，學習環境自由、寬鬆著稱。成名後的布林，在很多次採訪中都有提到後來他就讀的這所學校，他非常感謝他的父母能夠帶領全家移民美國，並且最終幫他選擇了適合自己的學校，而他自己也一直認為轉學到這所學校是他人生當中非常重要的一步。

第三步——改換家裡的環境

布林讀小學的年代在美國正是個人電腦初萌芽的年代，那個時候的個人電腦還是一件非常奢侈的物品，但是老布林非常具有前瞻性，他很快意識到電腦這樣科技產品的重要性。在一九八二年，也就是在布林九歲生日的時候，老布林為小布林買下人生中的第一台電腦 Commodore64（康懋達 Commodore 是與蘋果公司同時期的個人電腦公司，曾創造過一系列奇蹟）。這台電腦在一九八二年當時的售價將近六百美元，大約相當於現在的六萬美元了吧。這在當年真的不是一筆小數目，現在一個 iPad 的起價在美國也就四百九十九美元。老布林真是大手筆，現在要讓我給兒子買個超過一百美元的玩具，我都還要猶豫半天。

一個才到美國兩年的家庭，為了孩子，老布林也真是夠拚、花了血本了！而正是這台電腦，在九歲的小布林心裡深深種下一粒種子，從那時算起的十六年後，一九九八年，謝爾蓋・布林和他的搭檔賴利・佩吉（Larry Page，另一位史丹佛的風雲校友）創立了偉大的公司——Google。

我想作為父母，雖然我們未必能培養出下一個謝爾蓋・布林，但我們的確能夠從老布林身上學到很多，為孩子創造最好的成長和學習環境，不管是良好的社會大環境，還是適合的學校環境，以及促成孩子自身發展的家庭環境，老布林都一直盡心盡力地擔起父親的責任。不僅如此，老布林還教會了兒子準確的判斷力和果斷的執行力，以及遇到困難百折不撓的精神，從而成就了今天Google 創始人之一謝爾蓋・布林。

我想最重要的並不是為孩子提供最優越的物質條件，而是盡我們所能給孩子提供一個自由、寬鬆的學習環境，激發孩子的潛能，引導他們走向自己的人生之路。

鼓勵孩子去追逐自己的夢想

看了美國總統歐巴馬在*Parade*雜誌曾經發表的一封致女兒的公開信，感觸很多，我想每個父母都會關心和在意自己孩子的夢想吧。我們先來看一下歐巴馬都給女兒寫了些什麼，以下是書信的節錄：

「我很快發現，能從你們身上看到的快樂，才是我一生中最大的快樂。我還意識到，我必須為你們爭取幸福的每一個機會，更希望在你們這一代身上看到屬於你們的幸福，否則我個人的生活將不會有什麼意義。」

「我希望為你們做的事情很多：在你們所成長的這個世界裡，你們應該有無限的夢想，也沒有你們做不到的事情，我也希望等你們長大成人以後，你們能夠成為有熱情有信仰的女人，有助於建設這個世界的女人。我希望每一個孩子都能夠擁有和你們一樣的學習機會，同樣的夢想和茁壯成長的道路。這也是我為什麼願意帶領我們這個家走上這一偉大征途的原因。」

看到這句「你們應該有無限的夢想，也沒有你們做不到的事情」，我特別有感。記得我剛到美國史丹佛大學讀書的時候，很多同學常常聊起的話題就是「美國夢」（American dream）。「美國夢」這個詞最早出現在一九三一年的經濟大蕭條時期，詹姆斯．亞當斯（James

Adams）在《美國史詩》一書中第一次提出美國夢。他寫到「讓我們所有階層的公民過得更好、更富裕和更幸福的生活的美國夢，這是我們迄今為止為世界的思想和福利做出的最偉大貢獻」。

從此，美國夢開始流行，成為美國人的共同信念。世世代代的美國人都深信不疑，只要經過努力不懈的奮鬥，透過自己的勤奮工作、勇氣、創意和決心，沒有什麼事情做不到，也正是因為這樣的價值觀，「美國夢」一直激勵著世界各地的青年人來到這片土地創造自己的價值。

在美國教育中，美國夢深深地扎根在每個孩子心中，但是這樣的夢想並非個個都是那麼的高端大氣。如果你去學校隨便問一個孩子：你的夢想是什麼？常常會聽到很多很普通的回答，想當售貨員，想當清潔工……

我兒子曾經有一陣子的夢想是想當農夫，因為他覺得開拖拉機是一件非常酷的事情。我告訴他「農夫是一個很不錯的職業，可以為別人生產食物，讓人不會餓肚子！但是要想當農夫可不是那麼簡單的呀！首先要有好的身體，不怕吃苦，不怕風吹日曬；其次要學會開拖拉機也並不容易，同樣大小的一塊地，如何才能種出最多的食物，這其實是需要學習很多知識的。植物需要土壤、陽光、水分和養分。如果你未來想當一個農夫，那我們就先從種一棵向日葵開始吧。」

我記得自己在上小學的時候，有一次老師要求寫的作文題目是「我的理想」（我想在中國長大的孩子幾乎都寫過這個題目的作文吧）。當時我的作文裡，理想是長大後當一個賣冰棒的，這樣就可以每天吃到各式各樣的冰棒（原諒我從小就是一個吃貨）；結果文章被老師打回來重寫，老師還語重心長地找我媽媽談話，說我從小成績這麼好，怎麼能這麼沒有遠大抱負呢？我應該當作家，當科學家，這樣的理想才能叫作理想；而在美國，老師和家長會鼓勵孩子們看似「荒謬」的夢想，鼓勵他們為之付出努力去實現它。

臉書的 CEO 馬克．祖克伯就是很好的例子，他在創立臉書之前，是在萬人矚目的哈佛大學上學，那可是自帶光環，走路都帶風的地方。試想一下如果在中國誰家孩子能夠考進哈佛，那父母得感到多大的榮耀啊！但是如果你的孩子突然有一天回家跟你說：「媽，我不想上哈佛了，我要退學，我要自己開公司。」而且還是搞一個你聽都沒聽過的什麼「社交網站」，你會不會氣得頭上冒煙，直接一巴掌甩過去？

但是祖克伯的父母非但沒有甩他巴掌，還鼓勵他去追逐自己的夢想！祖克伯在哈佛大學主修的是心理學，可是他卻一直「心繫他物」，他不僅沒好好學習自己的專業課，還調皮搗蛋，擅自「駭」了學校的資料庫，盜取資料庫裡面儲存的學生照片，放在自己架設的一個網站上，結果被哈佛大學懲處，關閉了他的網站，並給他一個留校察看的處分，但他還是「執迷不悟」，重新建了社交網站，還為了這個網站從哈佛大學退學。

這看起來真是一個典型的負面案例啊，這孩子不好好學習，還淨惹事！可結果是怎樣的呢？祖克伯創建的社交網站臉書，一經推出就立刻橫掃哈佛校園，當月底就有超過半數的哈佛本科生成為臉書的註冊用戶。兩個月後，臉書的影響力已經遍及所有常春藤院校和其他一些學校，註冊人數很快地突破了一百萬。現在臉書早已遍布全球，而祖克伯也被人們冠以「第二蓋茲」的美譽，成為歷來全球最年輕的自行創業的億萬富豪。

祖克伯原先那些在某些家長眼裡莽撞、愚蠢的行為竟然會獲得如此巨大的成功，哪裡出了問題嗎？其實出問題的是我們看待事物的方式，也許我們應該嘗試換一種視角看問題。

祖克伯從小迷戀電腦，但和很多沉迷於網路的孩子不同，馬克．祖克伯不是迷戀於電腦遊戲，他更多的是在研究電腦程式設計等技術類的事情。在哈佛大學就讀時，祖克伯主修的是心理學，不過他仍然癡迷於電腦，更瘋狂地愛上了編寫程式，一有時間就會坐在電腦面前，始終保持著對電腦的狂熱。

進入哈佛大學之後，祖克伯很快就表現出了創業者所需要的大膽、自信及能幹的特質，後來他索性建立一個社交網站叫作Facemash，也就是那個他為之「駭」入學校系統，間接導致他受處分的網站。

駭客事件後不久，「執迷不悟」的馬克．祖克伯汲取Facemash的經驗教訓，用一個星期的時間搭建了全新的社交網站臉書，隨著臉書網站註冊人數越來越多，祖克伯斷然從哈佛大學退學，專心致力於臉書網站開發，最後取得了一系列的成功，而這樣的成功，離不開給予他這方面絕對支持的父母！

馬克．祖克伯從小就受到了良好的教育，他並沒有被要求一定要沿襲父母的職業，自小受到父母耳濡目染的是學習和生活方式。一九八四年，馬克．祖克伯出生在紐約州，在父母身邊他學會獨立思考，學會自主選擇，他還發現自己對電腦格外鍾愛。當他的父母看到年僅十歲的兒子對電腦極為癡迷時，便送給他一台電腦，他的夢想之船在這時便啟航了！

在美國，家長精心呵護孩子的夢想，而不是要求孩子一定要實現家長的某種價值或夢想。美國家長更希望孩子幸福、快樂，活出自己的樣子。正是由於祖克伯的父母讓其無拘無束自由發展，充分地發展他的興趣和愛好，理解他並支持他輟學創業，才成就了今天的臉書帝國！

夢想是孩子成長的翅膀，它可以很遠大，也可以很樸素，但是作為家長請細心、耐心地呵護他們的翅膀，在他們天馬行空的小腦袋裡，蘊藏著無限的可能，或許今天一個看似「荒謬」的夢想，明天就會讓世界大不同！

人生是場馬拉松，不做焦慮的父母

暑假我帶著孩子回到中國，一天帶兒子去超市買東西，還未進超市大門，門口兩排手裡舉著宣傳牌的「門衛」讓我頓時有種「上朝面聖」的感覺，細細一看，原來幾乎全是各種暑假補習的宣傳牌。內容不外乎「奧數、英語、數學邏輯、書法、鋼琴……」針對的對象從幼兒園到高中，幾乎只要你有孩子，就保證有一個班適合你，那些「門衛」不僅僅舉著宣傳牌，還不停地往你手裡塞各種宣傳單。

我一直對這種強制推銷補習的行為很反感，我孩子什麼樣我還不知道，用得著你來提醒我該補什麼嗎？雖然我仍然面帶微笑地委婉拒絕，但是內心是強烈抗拒的。

看著我大步拉著兒子往超市走，其中一個硬往我手裡塞宣傳單無果的推廣人員，還在我背後大聲對我說：「這位媽媽呀，假期來了，還不趕緊給孩子報個補習班，不要讓你的孩子輸在起跑線上喔！」就這一句一下子把我惹火了！

要說關於孩子的教育，我生平最痛恨的一句話，就是這一句「不要讓孩子輸在起跑線上」。這句話到底是哪個教育專家提出的口號，現在已無從考證，但是就因為這句話，讓多少父母抱著自我安慰的心態掏錢禍害孩子的課餘時間，也正是這句話，讓中國的孩子從此失去了快樂的童年。

人生本來就不是一場比賽，硬要說是一場比賽的話，那也只是一場和自己賽跑的馬拉松，絕不是短距離的衝刺賽。今天我就來告訴你們一個「輸在起跑線上的人生贏家」的故事！

我在史丹佛大學讀書時，在一個團隊合作專案中認識了一個也是來自中國的合作夥伴。

在整個團隊八個人裡，只有我們倆來自中國，他比我還要年長幾歲，因為他的英語夾雜著比較重的口音，在年齡基本都比我們小不少，有點狂妄的美國隊員裡面，他一開始顯得有點格格不入。但是在經過半學期的合作之後，那幫美國「小屁孩」對他佩服得五體投地，他常常可以提出很多非常獨特的觀點，並且能夠一步步、堅定地去實施，而最終的結果往往證明都是極為正確的選擇。

接觸多了，又因為我們倆都來自中國，自然有很多共同話題。他告訴我，他出生在一個非常貧窮的農村，他的父母都是識字不多的農民，他八歲之前不是在玩泥巴，就是在幫著父母做農活。

照現在的說法，他真的是完全地輸在起跑線上的失敗者。他說，他的母親雖然識字不多，但是就算是街上撿來的廢報紙也會帶回家給他看，他到現在都記得在煤油燈下，母親一邊縫補衣服，一邊陪著他讀書的情景。

他的母親時常告訴他：「不要和別人比，你只需要和自己比，每天進步一點點就好了！」他就讀的初中和高中基本上沒出過大學生，周圍很多同學初中就輟學出去打工了，很多時候老師在上面上課，下面打牌的、聊天的同學就包圍著他，因此他練就了一身在任何嘈雜的環境下都能夠靜下來看書的本事。

事實的確如此，記得有一次，我們一起到一個美國朋友家參加party，他說他有幾頁論文還沒有看完，於是他真的就在滿屋重金屬搖滾的音樂聲中，安靜地把那幾頁論文看完了。

不僅如此，讓我非常佩服他的一點還有，無論大家玩得再興奮，聊得再投入，說好八點回家看書的他，總是非常自覺地準時離開。這種驚人的自制能力真的不是一般人能夠相比的。

如今的他，已經是美國某個著名大學的終身教授，有自己的獨立實驗室，帶領著幾十個博士生和博士後研究員。

他常常和我自嘲式地開玩笑說：「我這麼一個一開始輸在起跑線上的loser，居然也有今天！」他說他最感激的人是他的母親，因為他的母親教會他，「不要和別人比，人生起跑線什麼的都是浮雲，你需要做的就是一步一腳印地往前走」。

曾經看過一個演算的公式，只需要每天進步一點點，一年三百六十五天，會發現其實自己已經進步了一大截。

父母是孩子人生的引路人，硬要說人生起跑線的話，我想父母才是孩子人生真正的起跑線！如果有一對尊重孩子、善於引導孩子的父母，他／她何止贏了起跑線，簡直贏了半輩子。我還想和大家分享一個看似一開始贏在起跑線上，最後卻令人很惋惜的故事。

她是我一個阿姨朋友的孩子，從小非常聰明，所以父母在她身上寄托了所有未完成的理想和抱負。因為家庭條件不錯，從三歲開始父母就幫她報名各種補習班。她也非常爭氣，各門成績都很頂尖，這就是大家傳說中「贏在人生起跑線上」的winner。

她的人生前半階段走得可以說非常順利，在外人看來風光無限；但是曾經在一個家庭聚會上我遇到她，她看上去很不開心，表情憂鬱，不禁向我吐露心聲。

她說她過得一點都不快樂，因為她的父母總是拿她和別的孩子比，雖然她已經非常努力了，但是並不可能在所有方面都比別人家的孩子強。她的媽媽非常好勝，對她很是苛刻，每次考試都必須是班上第一名，否則她媽媽就會表現出一副很失望的樣子，家裡的氛圍瞬間像是掉進了冰洞裡。

她對我說：「蘭蘭姐，你都不知道我身上有多大的壓力，有時我很困惑努力學習到底是為了自己，還是為了我媽？我媽的人生信條就是讓我任何事情都要做到最好，不能比別人落後。她經常拿別人家的孩子來激勵我，一開始我也很受鼓舞，但是日積月累，我覺得自己都不像自己了。我是我，別人家的孩子是別人家的孩子呀。」

雖然她很鬱悶，但是她仍然很努力，不負眾望，最終考上了中國最好的大學。

但是就在她大二的時候，我突然聽說她被學校勒令休學回家了。細問才知道，雖然在當地她是最頂尖的孩子，但是到了中國最好的大學，高手如雲，她的成績只能在班上排在中下等。這讓她媽媽無法接受，不斷地打電話，讓她努力，努力，再努力！

她說她真的非常非常地疲倦了，她甚至有一次在電話裡和她媽媽大吼：「這些年你只關心我的成績，你真的關心過我內心是怎麼想的嗎？我不喜歡我現在的主修科目，你偏讓我選這個……」

「我整晚睡不著覺，就是怕辜負你！其實我真的不在乎成績如何，我只是怕讓你失望而已！」

最後，醫生診斷出她患了很嚴重的抑鬱症，被學校勒令休學治療，這時她媽媽才恍然大悟，以為一直讓她不要輸在起跑線上的人生就是為她好的觀念，其實是大錯特錯了。

細細想來，「不要讓孩子輸在起跑線上」的觀念，其實是父母內心的面子、愛比較的心、虛榮心在作怪。

「誰家孩子又報什麼班了，我家的可不能落後……」

「他家孩子報了奧數，這次數學考試考了前三名，我也得給我家孩子報一個……」

「她家孩子學了鋼琴，沒學多久就考過升級測驗了，說出去太有面子，我也得趕緊讓我家孩子練起來……」

曾經看過這樣一段話：「笨鳥有幾種，有的是自己先飛，有的是自己不飛，還有的是自己不飛，下了個蛋，要小笨鳥先飛。」

我們現在有多少的父母，是那隻自己不飛，下了個蛋卻讓小笨鳥先飛的父母啊？！試問，我們是否真的聽從過孩子內心的聲音呢？明明沒有繪畫天賦，偏要把他培養成梵谷；明明沒有音樂天賦，非要把他培養成貝多芬。

在我看來，所謂真正的讓孩子贏在起跑線上，其實是父母首先以身作則，讓孩子在童年就培養他們良好的學習習慣，自發的學習興趣，不是為了父母而學；讓他們找到自己的興趣愛好，養成良好的自制能力和持之以恆、堅持不懈的心理受挫能力，形成獨立思考的人格，這才是真正的授之以漁！而這樣的孩子，無論起跑得多晚，都一定會是笑到最後的那一個。

溝通是一個家庭的必修課

「有話好好說！」這句老生常談，說起來容易，做起來難啊！而對於我們這些已為人父母者來說就更為重要了。

孩子是家庭裡面最為脆弱的個體，其實很多時候看起來好像只是父母之間發生了矛盾，吵完架以後父母和好了，但是受到傷害最重的往往是幼小的孩子們。

父母經常吵架可能對孩子帶來的影響

1 使孩子憂慮、驚恐和悲傷，對家庭失去信心

夫妻經常在孩子面前大吵大鬧對於孩子的成長影響非常大！美國有研究表明，一個經常吵架的家庭帶給孩子的負面影響比一個離婚的家庭帶給孩子的負面影響更大。

我的一個朋友瑪麗就曾經和我聊起她和她先生吵架的情景。她說曾經有一次她為了一件小事和她先生當著孩子的面吵了起來，為什麼說是小事，是因為現在已經記不起來到底是為什麼而吵。

但是，至今都記憶猶新的是他們的兒子傑瑞的反應。她說當時他們都在氣頭上，完全忘了孩子的存在，結果傑瑞聲嘶力竭地哭了起來，在她的記憶中傑瑞從來沒有這樣哭過。

孩子哭得極其傷心，然後大聲說：「你們不要吵了，我害怕！你們不要吵了，我害怕！」

一瞬間，她和她先生都愣住了！

她對我說：「我才意識到，我們吵的那點小事和這件事情對孩子心理的影響相比，簡直不值得一提！」

從那以後，她和她先生就定了一個規矩——不能當著孩子的面吵架。

2 有損父母在孩子心目中的威信

孩子是敏感的，父母間的互相指責、互相貶低，甚至謾罵和人身攻擊，會使父母在孩子心目中的良好形象受到嚴重損害。

當孩子在場的時候，請盡量相互維護父親和母親的形象，因為孩子人生最重要的兩個榜樣就是他們的父母。父母是孩子的影子，已經有無數的研究證明了一個孩子的行為在很大程度上都是在模仿他的父母。

(1) 有吸菸習慣的父母所養育的孩子，吸菸的機率比不吸菸的父母大很多。

(2) 如果父母酗酒，那麼他們的孩子酗酒的可能性也大很多。

(3) 一個在有家暴發生的家庭裡長大的孩子，長大後也很可能會有家暴傾向。

3 使孩子養成喜歡和別人吵架的壞習慣

孩子的可塑性很強，父母在家吵架，他就會學著父母的樣子到外面和別的小朋友吵架。久而久之，就會使孩子養成與別人吵架的壞毛病。

夫妻吵架雖然在所難免，但是當我們有了孩子以後，我們就得更加注意言行了。

在很多人看來夫妻吵架是家常便飯，但是吵架也是有藝術的，什麼時候什麼地方可以吵，什麼時候什麼地方不能吵，大家都得有個評估標準。

為人父母，我們都很愛自己的孩子！那麼請為了您的孩子，有話好好說！

每當你想吵架的時候，請想想你的孩子，為了孩子你能忍忍嗎？如果實在忍不了，還是吵了架，也請你為了孩子早點與你的另一半和好，而且得當著孩子的面和好，我想這也是彌補孩子最好的辦法了。

電子產品也能成為教育上的助力

現代科技的進步，iPhone、iPad 的發明，為大家的生活帶來了前所未有的便利。

我生活在美國矽谷，全世界高科技雲集的地方，加上我先生所學專業的關係。可以說我每天的生活充斥著各種高科技產品，市場上開賣的、沒賣的，大家想像得到的、想像不到的，我都見過不少。

我是一個從來不拒絕高科技產品的媽媽，科技產品改變和影響著我們生活的各方面，試想一下，如果沒有網路和智慧型手機，我們今天的生活怎麼可能如此便利。

坐在家裡只需要敲敲鍵盤或滑滑手機，就可以買到全中國，甚至全世界的產品；坐在家裡就可以和大洋彼岸的朋友視訊、語音聊天；坐在家裡，我就可以透過微信公眾號和大家分享國際教育資訊和生活的點點滴滴。

當 iPad、iPhone 等 3C 產品橫空出現，並大規模進入人們的生活以後，很多父母開始糾結了。這些以 iPad 為首的

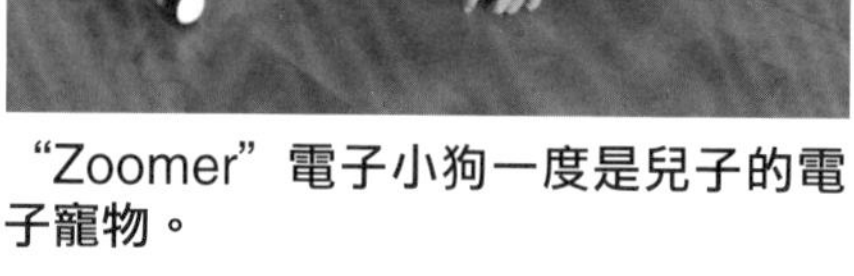

“Zoomer”電子小狗一度是兒子的電子寵物。

在我家看到的畫面經常是這樣的。

3C 產品對於小孩子來說有著巨大的魔力，到底要不要讓孩子接觸 iPad 呢？它對於孩子的成長到底是好還是壞？到底該如何處理孩子和 iPad 之間的關係呢？下面我就來談一談自己的看法，希望能對為此糾結的父母有所幫助。

在我看來，父母對待 iPad 等智慧設備的策略大致上可以分成三個層級：堵、疏、用。

第一個層級——堵

我認識一個很保守的中國媽媽，她在親子閱讀方面做得很好，但是卻視 iPad 為洪水猛獸。她曾經這樣跟我說：「我希望我的孩子越晚接觸 iPad 越好，在他小時候，我不希望他知道 iPad 這個東西的存在，我寧可每天多花時間和他一起閱讀紙本書籍，也不願意他把時間浪費在玩 iPad 上。」她問我：「你不怕你兒子上癮嗎？你沒看到那麼多孩子毀在電腦遊戲上嗎？」

我半開玩笑地告訴她：「我家機器人先生就是那種打遊戲打到遊戲廳老板都不敢讓他進去的孩子（因為他打得太好了，一枚遊戲幣可以打很長時間，而且其他人不敢跟他對打，所以遊戲廳老闆賺不了錢）。你看他後來不也沒沉迷網路遊戲到不能自拔嗎？」

完全不讓小孩子接觸 iPad，在我看來不是一個好方法，因為在現在這個遍地都是 3C 產品的年代，要想讓孩子完全接觸不到 iPad、智慧型手機談何容易。你越是不讓孩子看，孩子對於 iPad 的興趣就越大。常言道：「得不到的，永遠都是最好的」，這句話也適用於孩子。父母無理由地阻斷往往會讓孩子對這些東西產生超乎尋常的渴望。大學裡畢不了業的學生裡有很多都是因為遊戲，而這裡面很多學生都是因為大學以前被管得太死，對遊戲的渴望累積太久，而且自己也沒有控制能力所造成的。

我家先生一直是個遊戲高手，在讀大學期間，即使脫離了父母的管束也完全沒有沉迷於電子遊戲。我問他原因，他說電子遊戲對他來說一直都不是一個「得不到」的東西，沒什麼稀奇和神祕的，各式各樣的遊戲他見得多了，因此反而不會上癮。

iPad 被一些家長看成是「洪水猛獸」，但是大家都記得大禹治水的故事，我們也都明白洪水是不能堵的，而是需要疏導。因此我個人認為對於 iPad 簡單地採取「堵」的政策是不太合適的，而且在現在這個科學技術日新月異的年代，讓孩子和科技完全隔離，很難說是一個好的方法。

第二個層級——疏

我剛才提到了大禹治水，當然大家都明白，洪水需要疏導。其實很多家長對於 iPad 的政策是嚴格控制時間：比如每天十五分鐘，每週一個小時等。

還有一些父母把 iPad 作為獎勵手段，如果孩子做好了一件事情，或者取得了一定的成績，就獎勵他使用 iPad 的時間。和簡單的「堵」相比，這些都是好很多的疏導辦法，也是更上一層的作法，但是有沒有更好的辦法呢？能不能把 iPad 拿來為我所用呢？

第三個層級——用

所謂「用」，就是要把 iPad 很好地為我所用，利用 iPad 的長處來對孩子們實現高科技環境下的教育。

iPad 如果用得好的話，可以讓孩子學到很多比書本上更直接和真切的知識，而且還學得快！我們的孩子生活在一個科技日新月異的時代，孩子天生的好奇心驅使他們去發現世界上一切新鮮的事物，而正是這種好奇心的原始驅動力，使得人類不斷地學習、進步，去探索一個又一個未知的領域。

美國的孩子在學前班就開設了電腦課程，我曾經去做過幾次電腦課程的志願者，對於低齡的孩子來說，電腦的啟蒙教育也是從玩一些電腦遊戲開始的。

我先生曾經就職於美國蘋果公司最核心的研發部門，參與了前幾代 iPhone 的設計工作。他時常對我說：「賈伯斯一直認為以 iPad 為代表的大螢幕 3C 產品最終會為教育帶來革命性的變化，我非常同意他的觀點，我們要學會用好 iPad、iPhone 裡面的東西來教育我們的孩子。」

iPad 的應用商店（App store）裡面有很多做得不錯的 App，為我們提供了豐富的教育資源。比如說，在我兒子開始學習時鐘的時候，我就為他下載過一個邊玩邊認識時鐘的 App，很快他就掌握了時鐘的概念。

在他還很小的時候，我也幫他下載過一些拼圖 App，裡面有上百張不同顏色、形狀、圖案的拼圖，他很喜歡玩。經過一段時間，我發現他對物體的形狀、大小，甚至翻轉、上下對調都有很強的認知。

應用商店裡面還有不少適合給孩子看和聽的電子書籍，我曾經幫他下載過一套適合兒童看和聽的《漫畫西遊》電子書，他非常喜歡。因為電子書籍結合了聲音和特效，讓書裡的人物形象一下子變得更加鮮活有趣。

前段時間，機器人先生在讓兒子背「九九乘法表」，對於在美國成長的兒子來說，背一個其他孩子都不用背的九九乘法表是真的感到很無趣！他每次開始一會兒就沒了興趣，不是說睏、要睡覺，就是說餓了、渴了，反正他會找各種理由逃避，而且很多我們認為他已經背會的，一下子就忘了。

我先生和兒子的典型對話是：

「六八多少？」

「六八——二十四。」

「不對！」

「六八——四十八。」

「你確定？」

「喔，那就五十六吧！」

我們也沒有最好的方法，覺得九九乘法表只能靠機械記憶，不斷強化，因為我們小時候背九九乘法表的時候也是死記硬背的；但是僵局被打破了，有一天，我先生回家以後很神祕地告訴我兒子，他有一個很好玩的 iPad 遊戲，問他要不要試一試，兒子一下就來勁，開始搶我先生手中的 iPad。

原來我先生在應用商店裡找到一個不錯的背九九乘法表的遊戲，下載後自己試用覺得不錯，就拿來給我兒子玩。這一玩，九九乘法表很快就搞定了。神奇啊！這件事再次證明了興趣才是最好的老師，我們只需要把無趣的事情變得有趣，孩子就可以學得很快，而從無趣到有趣，iPad 可以充分發揮其最大功效。

當然這些都是 iPad「友好的」一面，但是它也有「邪惡」的一面！

就像現在大人都變成了手機一族一樣，如果對孩子不加以限制，隨便他們看 iPad 或 iPhone 這些電子產品，則會對孩子的眼睛和身心產生很多傷害。

如何解決這個問題？我的作法是：嚴格限制孩子看 iPad 的時間，並通過對 iPad 使用時間的控制來培養孩子的時間觀念。

有人可能會說，嚴格控制孩子看 iPad 的時間？這說起來容易，做起來難啊！「你是沒看到我兒子看到 iPad 兩眼發光的模樣，比看到老媽我還要親啊！」

是的，現在大人帶著孩子參加聚會，孩子們通常是人手一台 iPad。

要不 iPad 怎麼會有「哄娃法寶」這樣光榮的稱號呢！不過，在限制我兒子看 iPad 的方法上，我的確有不少寶貴經驗。雖然偶爾他也會和我耍耍小聰明，但是在「人機大戰」這件事情上，我通常是完勝的。以下就是我和他鬥智鬥勇得來的寶貴經驗，實際證明我的這套方法還不錯。

在我兒子剛開始接觸 iPad 這類電子產品的時候我就開始和他立好規矩。他在拿到 iPad 後我會要求他打開倒數計時器，一般是以十五分鐘為一個時間單位，十五分鐘到了，會要求他關上正在看的影片或遊戲，並且再調十五分鐘的倒數計時作為休息時間。在休息的這十五分鐘裡，他可以做別的事情，看書或者玩他的玩具。休息十五分鐘結束後，他可以再一次打開 iPad 繼續玩十五分鐘，以此類推……

一開始孩子可能很難自覺地嚴格遵守十五分鐘的時間規定，這就需要身為父母的我們，不斷地強化他們的時間觀念。剛開始訓練他的時候，我會在旁邊一直監督著，我通常會把十五分鐘又再分成三個五分鐘。第一個五分鐘到了之後，我會在旁邊提醒他，你現在還剩十分鐘的時間；第二個五分鐘到了之後，我又會再提醒他還剩五分鐘，然後又把五分鐘分成五個一分鐘，不斷地提醒他還剩多少時間。

這樣做的好處在於，不斷地給孩子心理上留一個預期和準備。試想，就算大人在玩到興頭上的時候都很難戛然而止，孩子更是一樣。不斷地用倒數計時的方法提醒他所剩的時間，讓他在心理上留一個預期和準備，這樣孩子在十五分鐘之後，就不會那麼抗拒地拒絕關掉 iPad。

因為休息十五分鐘之後，兒子又有了新的十五分鐘玩 iPad 的時間，所以從心理上來說會抱著一種希望和等待，這樣也會讓孩子心甘情願地遵守十五分鐘的時間約定。

當然，在建立這種良好的習慣之前，我兒子也出現過把倒數計時偷偷調到十八分鐘，或是偶爾「暫時性遺忘」休息時間這樣的小伎倆，我通常也會「暫時性失明」，讓孩子偶爾有點小自由。

經過我和我先生不斷地強化時間觀念，我兒子現在已經具有很強的時間觀念，他清楚地知道五分鐘、十分鐘、二十分鐘大概是多長時間，而且每當時間到了的時候，他都會馬上放下手中的 iPad

或其他的遊戲，一點也不會耍賴，這都是慢慢鍛鍊出來的！

我們的孩子生活在一個科學技術日新月異的時代，對於以iPad為首的高科技產品這股洪流，我們不能簡單地採取「堵」的政策，我們需要「疏導」並加以「利用」，讓孩子享受到高科技帶來的便利，並充分地使用到教育中，相信有一天，我們的孩子會帶來一個又一個的驚喜！

別讓孩子掉進學英語的大坑

很多家長都很關心美國的孩子從小是怎麼學習英文的，他們有那麼好的英文環境，是不是學起英文來就十分順利呢？在兒子上小學之前我也和很多中國家長抱持同樣的想法，但是實際情況卻完全不同。就像中國的孩子一樣，雖然具備了很好的中文環境，但也並不是每個孩子的聽說讀寫的中文能力都一樣好。大家一直以來有個認知誤解，認為只要在美國待上幾年，英文就完全沒問題了。我想說的是，我也認識不少來美國很多年，英文卻照樣表達不清楚的人。

其實任何一種語言，如果只是僅僅局限於日常的交流那是遠遠不夠的，因為每種語言都有它內在的語言規則，只有掌握了這些規則再多加練習，才真正能夠做到運用自如。

美國孩子學英文，就像中國孩子學中文一樣，同理可推，雖然都是母語，但是都要經過系統的學習。我記得我上小學學語文時，文法都是到了初中才開始系統性地學習的，例如何為主詞、動詞，如何修飾名詞、補充等；但是我沒有想到的是，美國小學從一年級開學的第一週就開始系統地學習英文文法了，雖然都不難，但是已經開始涉及正確的拼寫、大小寫及標點符號的運用。

以我兒子為例，他們小學一年級剛開學第一、二週就對文法進行考試。我看了一下試卷，內容涵蓋了訂正書寫，這其中包括了句子首字字母需要大寫，單字的正確拼寫，去掉多餘的詞彙，運用正確的標點符號；然後就是分解句子，把句子分解成主詞、動詞的形式，要求標出句子的主詞、動詞和受詞，要求判斷是片語還是句子，把陳述句轉換成特殊疑問句、判斷句子是哪種形式——感歎句（Exclamatory）、疑問句（Interrogative）、祈使句（Imperative）、陳述句（Declarative），並加上標點。

從這些試卷來看，美國孩子的英文教育從一開始就很系統。同時他們每週都會有拼寫課和拼寫考試，這個倒是和我們小時候默寫漢字有異曲同工之妙；不過我問過兒子，如果拼寫不出來會怎麼樣？他說也不會怎麼樣，老師說下次還有機會。我頓時「淚流滿面」啊，要知道在我讀小學那時，要是默寫不出漢字，等著我的將是每個漢字抄一百遍的命運啊！我想很多家長看到這裡都會陷入深深的回憶當中。

下面主要介紹了一些美國孩子學習英文文法的情況，但是在美國一年級的孩子學習英文的內容遠遠不止這麼簡單。我出國很多年了，在學英語這件事情上的確有很多感受和經驗，所以經常有朋友希望我談談怎麼樣能夠學好英語。

其實在學英語這件事情上，很多人都有一個誤解——以為出了國，英語就自然而然地變好了，非也！我就認識好多在美國華人公司工作的中國人，雖然出國很多年了，但是英語還是很差。他們雖然生活在美國，但是接觸最多的還是華人，平時生活裡都說中文，沒有太多的機會說英文，所以英文程度一樣不是很好。

首先英語和中文一樣，都是一門語言，我們也不要把英語這門語言神祕化，其實從某種程度上來講，英語是一門比中文更簡單的語言。

但是即使語言學家普遍認為英語比中文好學，在我學習英語的這些年裡，仍然邁過了一個又一個大坑，才練就了今天的金剛不壞之身。

那我就和大家聊一聊，學英語，別讓您的孩子掉進這些大坑裡！

一、文法坑

每一門語言都有這門語言特定的文法規則，英語也不例外。在中國，英語教育非常重視文法，我還清晰地記得我當時的英語高考試卷裡，文法占了相當大的比重。

我至今都記得我的高中英語老師在講解“out of question”和“out of the question”這兩個片語的時候，我已經完全被繞暈了。

老師說：「out of question 意為毫無疑問，是個副詞片語，意思和 beyond question 相同；out of the question 意謂不可能，是個形容詞片語，相當於 impossible。」

時隔這麼多年，我仍然記得當時的場景，多一個“the”和少一個“the”意思截然不同。

因為這兩個片語讓我印象太深刻，以至於我曾經專程去問過一個學習英語文學的美國朋友，看看他們到底是怎麼解讀“out of question”和“out of the question”這兩個片語的。

我的這個美國朋友很吃驚地看著我，「你們中國人學英語還講這些？連我們美國人都不講的啊！」她說：「從文法上來講，out of question 的確是毫無疑問的意思；而 out of the question 也確實是不可能的意思，但是我們平時生活中不這麼用啊，out of the question 太書面化了，我們一般都只說 impossible，這個多簡單啊！」

她反問我：「你們中國人學英語的目的究竟是什麼？難道不是為了更好地和外國人交流嗎？語言是一個橋梁，其實只要雙方能夠溝通，就已經實現了橋梁的作用了，不必這麼在乎這些文法的條例規定！」

她的話真的讓我有種醍醐灌頂的感覺，試想母語是中文的我們，平時生活裡也不是每說一句話都會仔細分析啊！

英語文法不是不重要，但是我們也不要過分迷信文法，讓所謂正確主詞、動詞、受詞，如何修飾動詞、名詞等等的文法結構束縛住自己，而忽略了真正學習英語的目的——為了更好地與人交流！

二、閱讀坑

我在以前寫過的文章裡曾多次提到，美國可能是世界上最重視閱讀的國家之一，美國教育從幼兒園開始就不斷地訓練孩子的閱讀能力，培養孩子閱讀的習慣。

學習語言，是一個長期積累，從量變到質變的過程。美國孩子從一年級開始，每天就會有二十分鐘的閱讀作業，有時還附有閱讀理解的題目。在每次的閱讀理解題目裡總會出現一些以前不認識的單字，老師不會要求學生去翻字典查這些單字，而是會要求他們根據上下文去推測，或甚至是去猜這些單字的意思。

我記得在高中學習英語的時候，我的老師強調讓我們弄清楚每一篇文章裡每個單字的意思，遇到不認識的詞彙就去翻字典，弄清楚這個詞的含義，並且要在旁邊標註起來。

我曾經和我兒子的英文閱讀老師討論過遇到這個問題是否該查字典，她說在培養孩子的閱讀習慣時，最重要的是培養他們的閱讀興趣，讓他們能夠對整個故事有大概的了解，並且保持他們閱讀的連貫性；如果孩子每遇到一個不認識的單字就去翻看查閱字典，那無疑會中斷他們對整個故事的理解，不僅如此，還會讓孩子養成對字典的依賴性。

孩子只要能對整個故事有大致的理解，哪怕不認識故事裡面的幾個單字，也不會對整體的閱讀產生影響；而且孩子在閱讀的過程中不去翻看字典，而是根據上下文推測那些不認識的單字，這非常有利於培養他們的閱讀習慣。不僅如此，每一個英語單字在不同的語境下會有不同的含義，只是簡單地翻看字典，並不能準確地把握這個單字在特定語境下的意思，這樣也不利於孩子完整地理解整個故事的大意。

英語閱讀老師的一番話讓我恍然大悟，難怪我讀高中時密密麻麻標註在文章裡的那些單字，到頭來記住的沒幾個，的確與這個原因有關。

三、口語坑

我記得剛到美國史丹佛大學讀碩士研究生的時候，口語一開始是我最大的困擾。當時很多課程，最終成績是按照百分之二十的期中考試、百分之四十的期末考試、百分之四十的課堂發言加權得出的最後成績，因為有很多課程是案例分析，要求我們在課堂上看完案例之後，進行課堂討論。

我是班上少有的外國學生，面對一屋子英語是母語的同學，要和他們在同樣短的時間裡閱讀完資料，進行課堂討論，常常讓我覺得很抓狂，由於最終成績有百分之四十的比例是課堂發言，就算是期中、期末考試考得再好，課堂發言沒有足夠好的表現，也是無法獲得良好的最終成績。

因為英語不是母語，一開始我常常需要在心裡反覆練習好幾遍才有勇氣舉手發言，不僅如此，我還會不斷確認自己所說的話中是否有文法錯誤，而這樣糾結的結果往往是被美國同學搶去了發言的機會。

我把我的苦惱告訴了我的任課教授，一位非常慈祥、功成名就的法國老教授，他聽完我的苦惱，哈哈大笑，他說他曾經也和我有著同樣的經歷。

他的母語是法語，所以剛到美國的時候也在口語上非常困擾，他說後來他發現，完全不需要在乎口音、文法啊這些細枝末節，你只要大膽地勇於表達，其實很多時候，母語是英語的同學完全能夠聽得懂。

他半開玩笑地對我說：「你看，我到現在英語還是夾雜著濃濃的法國口音，但是這並不妨礙我和人溝通，表達我的學術觀點呀。英語是一門語言，而語言的最終目的就是和別人溝通與交流，只要敢說、多練，你的口語一定會突破這個瓶頸的。」多練習、臉皮厚、大膽說，把自己完全沉浸在英語的語境裡是提高英語口語的撒手鐧！現在中國的很多孩子趁著出國旅遊、遊學的機會也可以和母語是英語的人多多交流。

Chapter 3

從幼兒園開始，掌握受用一生的學習能力

幼兒園是孩子進入團體生活的第一個階段，也是孩子在人生中系統性學習知識的起點。在美國，幼兒園以培養孩子的社會性為主，簡單地講，就是在保護孩子天性的基礎上培養孩子獨立生活的能力及社交能力，為未來他們步入社會打下最初的基礎。

讓孩子愛上知識的幼兒園教育

幼兒園是孩子進入團體生活的第一個階段，在美國，幼兒園以培養孩子的社會性為主，也就是在保護孩子天性的基礎上培養孩子獨立生活的能力及社交能力。

相較於中國孩子從幼兒園開始就報名各式各樣的興趣班而言，美國幼兒園的孩子就要輕鬆很多了，他們的課程主要以玩為主，回家也沒有什麼家庭作業。當然，經過仔細研究和觀察，我發現美國孩子在幼兒園並不是漫無目的地「瞎玩」，而是在老師的引導下一點一點地學會與人交流、和別人分享、不斷地提高自理能力，為將來進入小學做好準備。

那麼，美國幼兒園老師有哪些技能值得借鏡呢？下面就讓我們一起來學習活用吧。

方法1——從小培養孩子的紀律性

不要看美劇裡孩子上課都是散漫、毫無紀律的樣子，其實美國幼兒園跟中國的幼兒園一樣，會要求孩子遵守課堂紀律，培養孩子的紀律性。在遵守紀律這方面，美國老師和中國老師同樣重視。

幼兒園裡不僅有課堂紀律的規範，還會用形象的圖畫教育孩子們正確的聽講方式。不管是和父母溝通還是在學校與同學、老師交流，學會傾聽都是非常重要的！如果孩子在課堂上打斷老師說話，是會被批評的。

一個好的聽眾應該怎麼做？

1. 臉面向前方
2. 眼睛看著說話者
3. 手放在膝蓋上
4. 兩腿交叉放平
5. 舉手回答問題
6. 認真思考所聽到的內容

方法2——每天制定學習重點

美國幼兒園裡通常會有一個「每日關注」（daily focus）的區域，上面會有孩子們需要掌握的單字、數位、形狀和詞彙等知識，一是讓老師每天的教學有針對性；二是可以讓孩子們知道他們每天需要學習的內容，並且讓每個去接孩子的家長也可以對孩子每天的學習內容一目了然。

方法3——每日閱讀必不可少

美國是一個非常重視閱讀的國家，不管是什麼年齡層的孩子，閱讀都是他們學習中很重要的一部分。從幼兒園開始，老師就會幫孩子制定每日閱讀計畫，每個星期的前幾天會有老師輔助孩子進行閱讀，而通常週五就是孩子自主閱讀的時間。

老師對孩子們閱讀的環境也很重視，要求孩子們把屬於自己的物品擺放整齊，細節決定成敗，教會孩子注意這些細節也是非常必要的。

通常老師會把孩子們閱讀的書籍按難易度分類整理好，即使在同一個班級裡，每個孩子的閱讀水準也會有所差別。因材施教，給不同閱讀水準的孩子安排不同難易度的讀物，讓每個孩子根據自己的節奏不斷地進步。

方法4——在遊戲中學數學

在中國，據我了解已經有越來越多的幼兒園採用一些非常有趣的方式來教授數學；在美國，幼兒園老師則是會利用手邊所有的工具、玩具來培養孩子對數字最初的感知。

比如說老師會用美國孩子都愛吃的小魚餅乾作為「誘餌」，引誘孩子學習十以內的數字。想像一下「小吃貨們」一邊做數學，一邊偷吃小魚餅乾的場景真的是很有趣呢！

另一個方式是將廢棄品變為寶物！把廢棄的礦泉水瓶塗上不同的顏色和寫上不同的數字，並把不同顏色的小球投進相應的水瓶中，這個遊戲可以培養孩子對顏色的辨識、分類及簡單的計算能力；又或者用孩子們最愛的樂高來比較數字的大小，把玩具變成教學工具，這種新技能各位爸爸媽媽們有學到嗎？

我在以前寫過的文章裡有提到過，美國老師鼓勵孩子們用一切可以想到的辦法來解決問題。比如自帶的「工具」——手指頭。當然，夏天的話腳趾頭也能派上用場。讓孩子們充分發揮想像力，看有多少種方法可以解決同一道數學題，比如用手指畫格子、畫數軸、心算等。

美國的老師常常會提一些開放式的問題，而答案通常不是單一的，而當地的幼兒園也鼓勵孩子天馬行空的想像力，細心呵護他們的創造力，我想這也是當他們長大後發揮想像力，不斷創新和敢於挑戰權威的原因。

方法5——趣味方法學英語

美國孩子記憶單字，並不像我當年考托福和GRE（出國英語考試）那樣拿著一本「紅寶書」從A開頭的單字一直背到Z，而是把相同形式的單字歸類成一組，一組一組地記憶，比如把cat、map、ram、van、rat、wag、cab這些具有相似性的單字排列在一起，把它們相同的母音標示出來，搭配圖畫，孩子們就能比較容易地記住每個單字的意思，並且還能聯想類似的單字有哪些，分別是什麼意思。

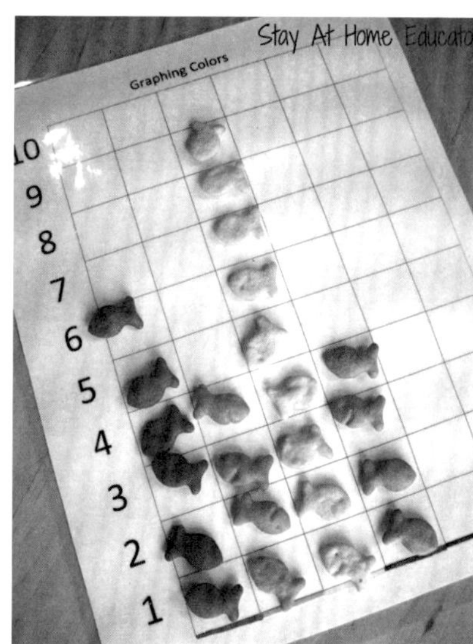

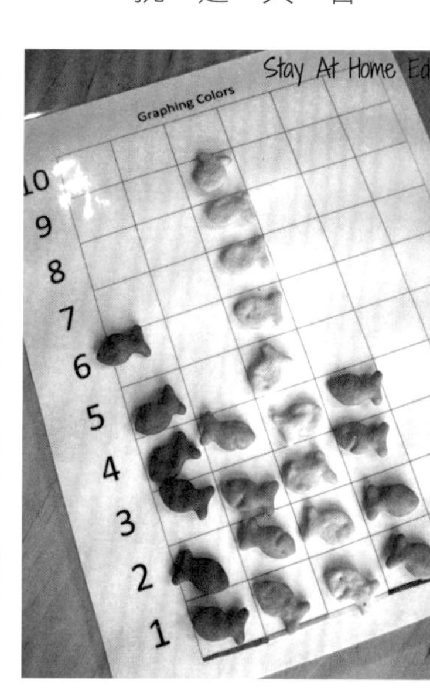

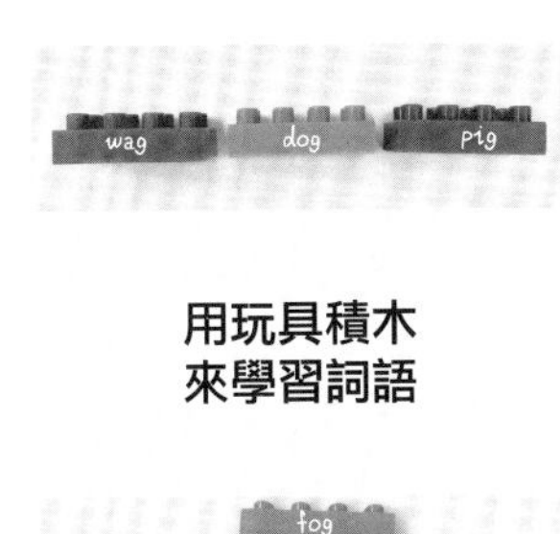

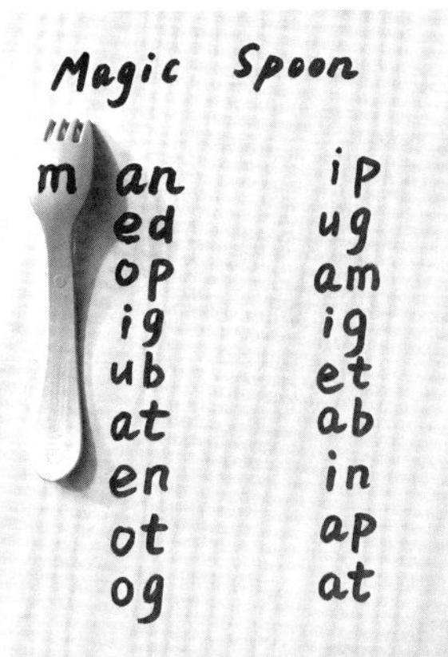

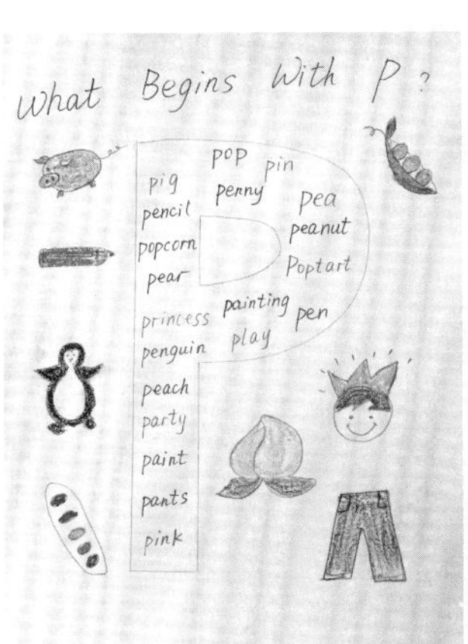

如上面右邊的照片，把都是P開頭的單字放在一起，讓孩子們一起記憶。這樣做的好處在於，看似是發散的邏輯，但其實有一條主線，單字與單字之間有一定的相關性。孩子在記憶單字的時候就不再是只記憶單一的詞彙，而是記住一串相似的詞彙。

或者像上面中間的照片，用一個寫上字母的「魔法湯匙」，可以和每個組合產生不一樣的單字，這樣真的可以讓孩子在短時間記住一系列單字呢！

用樂高玩具除了教數學還能教英語，比如讓孩子把最後兩個字母相同的單字搭配在一起，分類好之後，孩子對每一組單字還會記不住嗎？

看完以上這些美國幼兒園老師的技能，您有學到幾招嗎？

美國幼兒園非常重視寓教於樂，在玩樂中不斷激發孩子的學習興趣，在適當引導的前提下，保護他們的天性，讓他們愛上閱讀、愛上知識。幼兒園是孩子成長的一個里程碑，他們會從這裡開始一步步走向自己的人生！

鼓勵開拓思考的美國小學教育

雖然在美國生活了很多年，但是在兒子沒有上小學之前，對美國的基礎教育完全一無所知，加上被網路上流傳的各種啟發人心的文章洗腦，覺得美國的基礎教育簡直一塌糊塗。中國很多教育專家常常提到的「美國孩子三年級還在扳著手指頭算加減法，美國孩子下午三點就放學回家開始玩」，是我最初對美國小學生的印象。

直到我兒子背著小書包開始了他的小學生涯，作為一名在朋友圈裡出了名的「放養媽」，我對三年級還扳著手指頭做加減法的美國小學教育是不屑的。既然那麼簡單，那就正好「放養」吧，我對孩子的爸爸說：「至少兒子還不至於笨到三年級還不會加法」，孩子的爸爸大笑，「沒事，手指頭不夠還可以加上腳趾頭，至少會二十以內的也不錯啊！」

這樣一晃，大半個學期快結束了。要不是我有天心血來潮翻了一下兒子的書包，估計也就不會寫出這篇文章了。這不翻不要緊，一翻我的眼珠子都要掉出來了。兒子的書包裡已經塞了厚厚一疊試卷，什麼科目都有，還挺齊全呢，地理、數學、邏輯、拼寫、作文、科學、電腦、文法、閱讀、演講，通通都有涉及。第172、173頁就是一個美國小學一年級的孩子，在開學剛滿三週的時候考的一份邏輯試卷，天啊，誰說美國小學很輕鬆？首先讓我們先來大致解讀一下這張考卷。

第一題：兩毛五分錢，給你一個兩毛五、三個一毛、五個一分，問你有多少種方法可以湊齊兩毛五。這道題目已經是排列組合的範疇了。（這裡解釋一下：美國的硬幣除了和中國的一樣，有一分、五分、一毛之外，還有另一種叫 quarter，也就是兩毛五，這是美國使用得最多的一種硬幣，很多時候停車投幣只收 quarter。）

第二題和第三題：給出一個圖形，讓孩子按照一定的方向翻轉。這是在考驗孩子的空間想像能力吧？

第四題：找出左圖中缺的那一塊，正確答案還變了角度。考驗的是圖形識別及一定的圖形組合能力。

第五題：一張紙對摺，一面打洞，問你這張紙攤開了以後洞的位置是怎樣的。這也完全是一個空間想像的題目。

現在我敢大膽地說，那些說美國小學輕鬆的「專家」，十之八九都是自己的孩子沒在美國上過學的。看完這些題目，我一個健步飛奔到在搭樂高的兒子身邊，開始詢問起老師在課堂上是怎麼教他們的。

兒子說老師上課的時候會真的給他們錢，然後讓他們自己排列組合，考試的時候如果有同學不會做，老師會立刻掏出幾個硬幣讓孩子自己實際計算。尤其最後一個題目，老師允許他們運用手裡能找到的工具解答，比如他看到隔壁座的同學把作業本扯下來打洞，我說考試時這樣可以嗎？兒子一臉疑惑地看著我說“Why not?”這不禁讓我想起了多年前自己剛進美國史丹佛大學念研究生的一件往事。

當時剛入學沒多久，不知天高地厚的我選修了一門需要很多公式推理和演算的課程。平時的作

Logic Test #3—Mental Imagery / Problem Solving / Divergent Thinking

100 / 100

1. Sara needs to give the cashier 25¢. She has 1 quarter, 3 dimes, and 5 nickels in her purse. What are the different combinations of coins she could give the clerk? Fill in the chart with the possible combinations. (20 / 20)

	Different Combinations			
	#1	#2	#3	#4
Quarters	1	0	0	0
Dimes	0	2	0	1
Nickels	0	1	5	3

2. Shade the squares below to show what the square will look like when it is turned 90 degrees to the left. (10 / 10)

Twice

Once

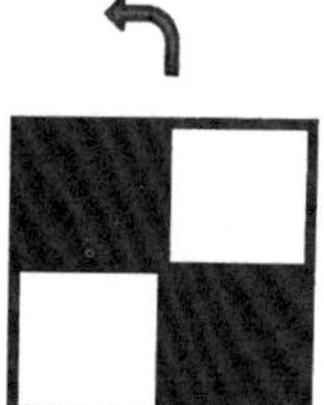

3. Shade the triangles below to show what the square will look like when it is turned 90 degrees to the right. (10 / 10)

Once

Twice

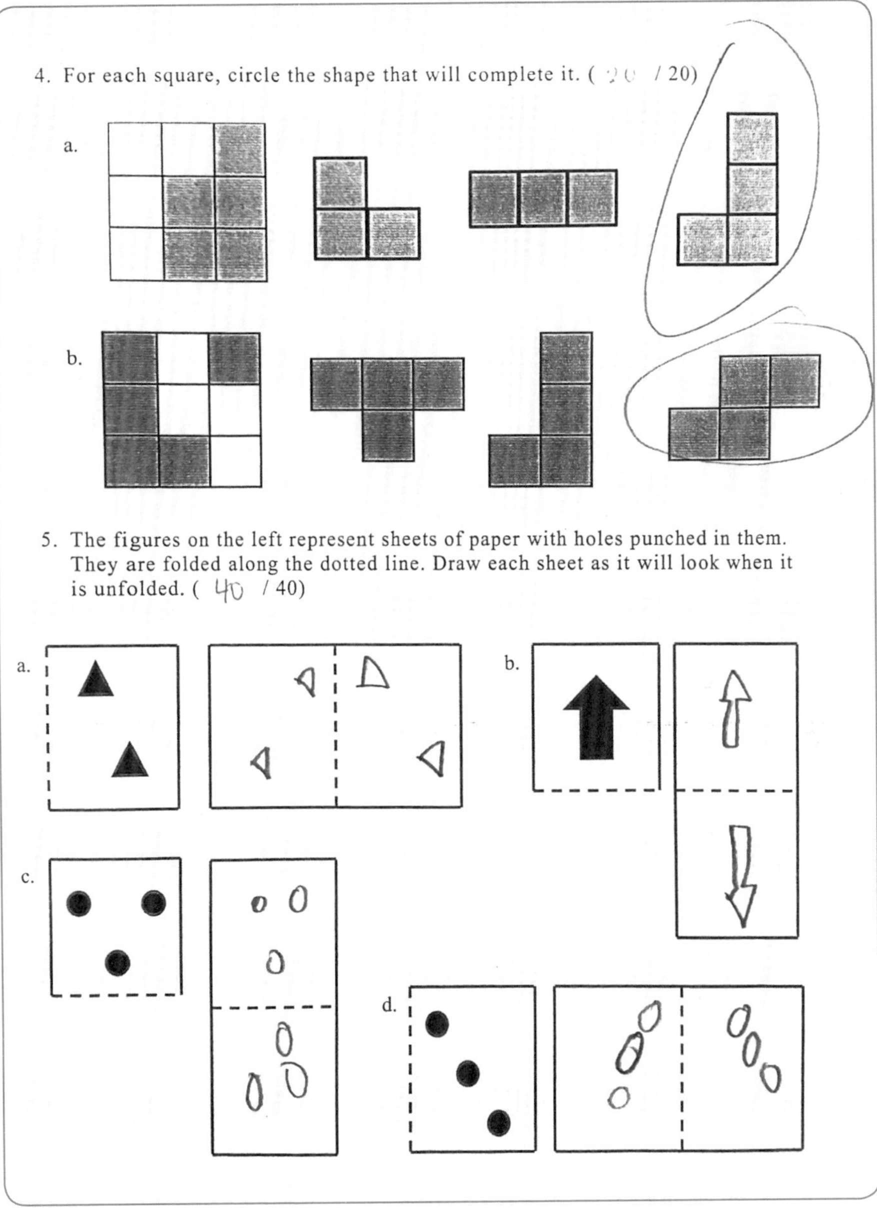

4. For each square, circle the shape that will complete it. (20 / 20)

a.

b.

5. The figures on the left represent sheets of paper with holes punched in them. They are folded along the dotted line. Draw each sheet as it will look when it is unfolded. (40 / 40)

a.

b.

c.

d.

業還好，快到考試時要準確無誤地記住那麼多公式可就讓我頭痛了。誰知在考試前的最後一堂課，教授宣布「考試時每個人可以夾帶兩張A4大小的紙，上面隨便你寫什麼，而這兩張紙有個專門的名字就叫“cheating sheet”（作弊紙）。我當時簡直不敢相信自己的耳朵，“cheating sheet? Are you kidding me?”這樣是要考什麼呢？要知道考試時作弊、帶小抄在我以前三十多年的人生經歷中可是「十惡不赦」的大罪啊！

我至今都還記得當時教授的表情，他笑說：「這是你們進史丹佛的福利，別的學校可沒有喔！你們大可把想抄的公式啊，作業啊，統統都抄寫在上面，兩面都可以，字寫成針頭那麼大也行。不過你們要相信，我出的題目你們肯定不是直接套公式就可以解答的！這門課的目的不是讓你們機械地去死記硬背一些公式，現在網路這麼發達，什麼公式找不到啊！我是要讓你們真正對這些公式運用自如。」

美國學校鼓勵孩子透過一切盡可能的方法解答問題，而不是僅僅給出一個標準答案，老師也不會讓孩子死記硬背，而是讓他們動腦筋運用身邊可以獲得的資源、工具去創造一些方法，儘管有時孩子的思緒天馬行空，但老師仍然鼓勵他們不斷地去探索，同時還會給予他們一定的引導。

在玩樂中學習，學習地理不再枯燥

說實話，我現在都已經記不清在我上小學的時候有沒有地理課了，實在是太久遠了，至少初中是有的吧，但是我印象深刻的其實是我的高中地理老師。為什麼對這位老師印象如此深刻？是因為他不僅教得好，而且在課堂上說得好，上他的課就像聽相聲一樣，加上他豐富的肢體語言，眉飛色舞，坐在第一排的同學經常會被他的唾沫襲擊。

為什麼說他教得好呢？是因為他真的能夠把地理這門學科和息息相關的生活聯繫在一起，而且可以用淺顯易懂的方式讓學生記住很多地理知識。

我至今仍然記得在學世界地理的時候，他讓我們把很多國家的地圖想像成一些具有具體形象的東西，我們很快地記住了。

美國的孩子從幼兒園就開始接觸地理知識，當然都是一些很淺顯的知識，等到上了小學一年級就要開始正式有系統地學習地理。

美國和中國一樣，是世界上面積最大的幾個國家之一，地理位置得天獨厚，有兩條漫長的海岸線，東西邊都緊挨著兩個大洋，而且整個美國國土海拔都不算高，可以使用的耕地面積非常豐富。以前學中國地理的時候，老師總愛說「中國地大物博，物產豐富」；但是到了美國，我才真正體會到什麼叫作「地大物博、物產豐富」。

一個孩子無論生活在哪個國家，了解自己所居住的國家、環境、各種資源，對他們都是很有益處的，美國孩子的地理當然也是從了解整個美國開始。美國歷史不算長，從一七七六年七月四日建國到現在，才幾百年的歷史，這和中國上下五千年的歷史比較起來，簡直太小兒科；但所幸在美國的本土沒有發生任何一次世界大戰，所以和曾滿目瘡痍的亞洲相比，的確沒有經過戰爭的摧殘。

翻開孩子的地理課本，第一頁是概述美國的歷史。身為中國人想想蠻自豪的，美國使勁往前追溯也就到一千年前，零零散散的一些印第安人占據著這麼大的地盤，而那時的中國已經非常發達了；第二頁是美國的整個行政區域劃分的地圖。美國目前有五十個州、一個聯邦直轄特區及部分境外領土，這其中包括了一九六七年從俄國手裡買過來的阿拉斯加（美國人真是眼光很準啊，如果當年沒有購買阿拉斯加，估計現在北極附近的石油也沒美國的份了）。

對整個國家大致了解之後，接著就是對美國各州逐一學習了。第一個州就是我們生活的加州，加州面積位列美國第三，人口位居第一。在地理、地貌、物產、人口構成方面都具有多樣化的特點，也因為曾經被西班牙人統治過，現在的很多地名都還是保留著西班牙語。歷史上曾經發現金礦，因此又有一個別名叫「金州」（籃球迷對「金州勇士隊」應該不陌生吧）。

加州是典型的地中海式氣候，也就是大家常說的「冬暖夏涼」。我在網路上查了一下，全世界只有地中海沿岸地區、黑海沿岸地區、美國的加州、澳洲西南部伯斯、南部阿德雷德一帶，南非共和國的西南部，以及智利中部等地區屬於地中海式氣候。地中海式氣候形成的原因，簡單地說，就是夏天北極海的寒流會導致降溫，冬天赤道的暖流又會導致升溫。由於這種特殊的氣候，加州的水果很有名，最著名的就是加州柳丁，除此之外，加州還出產葡萄酒，納帕（Napa）就是著名的酒鄉。

加州有兩個著名的城市，一個是三藩市（又稱舊金山，以前金礦挖完了，金山就成舊的了，它還有個名字英譯過來叫聖法蘭西斯科），另一個是洛杉磯。

我兒子的第一次地理考試考的內容就是關於加州，他當時考得不是很好，他們學校規定七十五分以下要把試卷拿回家給父母過目簽字。試卷要求學生寫出完整的句子，但是他根本沒領會題目的意思，每題都只寫了幾個單字，所以被老師用紅筆批註了。

這張試卷的第一題是完成加州的地形，第二題問加州哪個地方的土壤最肥沃及原因，第三題問的是地標和地貌的區別，第四題問為什麼整個加州的氣候不一樣，第五題問選擇一個加州或者附近的水體，解釋你怎麼透過它生存？

兒子每週都會有各種小測驗，但是老師並不要求孩子們需要在家複習，也不需要父母監督準備，只是為了檢查他們是否掌握了這些知識，所以孩子們對於考試也沒有什麼壓力。

讓孩子在玩樂中學習，也是美式教育一個很重要的部分。我有一次去朋友家做客，無意中發現牆角有一個他兒子做的手工作品，是用黏土和細沙做成的加州立體地形圖。我覺得老師的這個教課方法很好，孩子看似在玩黏土和沙子的同時，不知不覺就記住了加州的整個地形地貌，家長們可以試試這個方法。

在美式教育裡，學習不是枯燥無味的機械式記憶，老師通過各種方法引導孩子在玩耍的不經意中就學到了很多有用又有趣的知識。激發他們的興趣，讓他們時時刻刻保持對未知事物無窮無盡的好奇心，是每個家長和老師最應該珍視的。

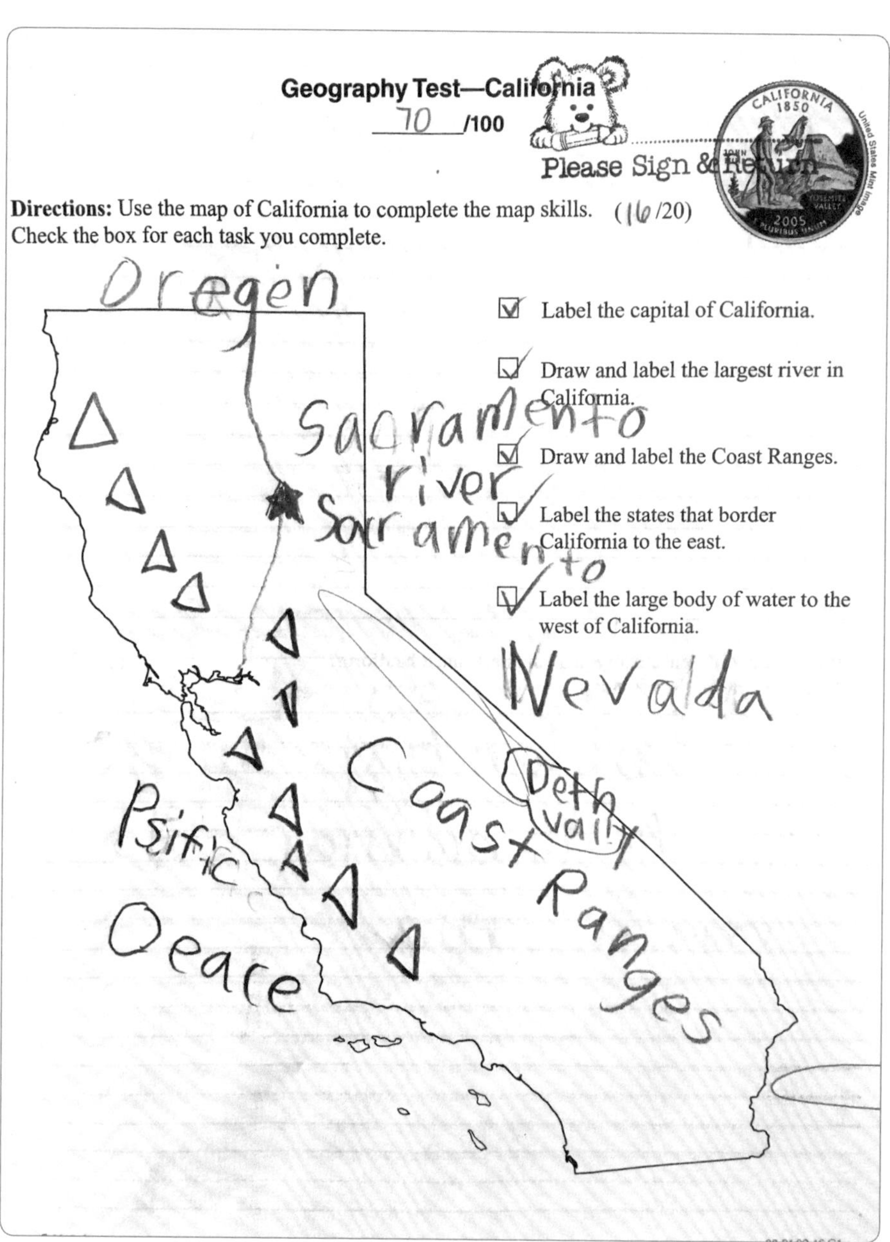

Geography Test—California
70 /100
Please Sign & Return
Directions: Use the map of California to complete the map skills. (16/20)
Check the box for each task you complete.
Label the capital of California.
Draw and label the largest river in California.
Draw and label the Coast Ranges.
Label the states that border California to the east.
Label the large body of water to the west of California.
Oregen
Sacramento river
Sacramento
Nevalda
Coast Ranges
Deth vally
Psific Oeace

兒子的地理試卷。

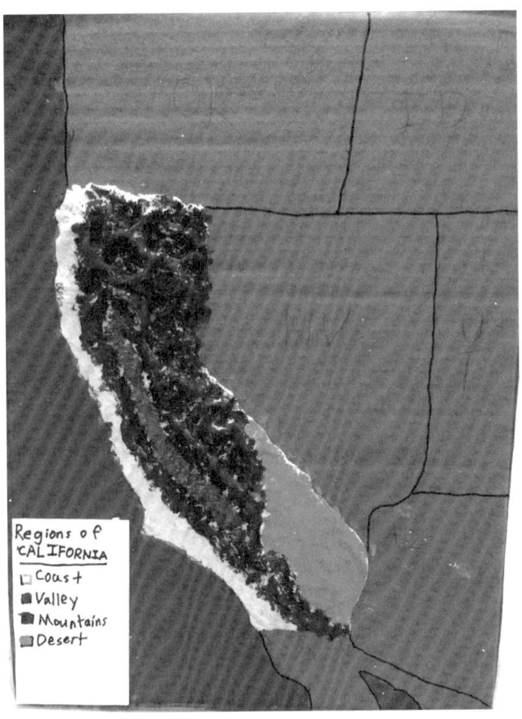

用黏土和細沙做的加州立體地形圖。

獨特的科學課堂——從重力波到科學探索

一百年前，有一個怪老頭運用他超人的腦袋從廣義相對論推理出一種叫作「重力波 gravitational waves」的東西，這個怪老頭就是愛因斯坦；但是這個叫作「重力波」的東西到底存不存在，一般人一直沒有弄明白。

有一天，我七歲的兒子回到家，很興奮、很神祕地跟我說：「媽媽，你知道重力波嗎？老師今天說它被證明出來了喔！」「什麼波？」「重力波！媽媽，你不知道嗎？」兒子接著說：「重力波是愛因斯坦在一百年前提出來的一個假說，然後科學家用了一百年的時間做實驗才證明了它的存在！老師說重力波到底是什麼，我們現在還理解不了，不過她說科學家用來證明重力波所用的科學方法和我們上課講的差不多，都是先提出一個假說，接著做實驗、採集資料，最後得出結論……」

正在切菜的我，驚訝得差點一刀下去切掉我半個指甲，我沒想到這幾天被洗版的大話題——重力波，在美國居然連一個七歲的孩子都知道，而且還和我大談科學方法。

晚上孩子的爸爸回家，兒子一直纏著他爸爸問「重力波」，雖然我不知道一個七歲的孩子到底能夠理解多少，但是我相信今天在學校裡老師提到的「重力波」這個詞他肯定記住了。我很吃驚的是，美國學校的老師會跟這麼小的孩子提到如此深奧的物理概念，從這件事情可以看出來，至少老師對於每天世界上最新的科學探索事件是關心的，也樂於引導和傳播給孩子們，而且還能聯繫到課堂上的內容，真是不容易。

在中國，老師對於知識的講授，更多的是對前人留下來的知識結論的歸納和總結；而在美國，老師更強調方法的傳授，何為科學方法論？先看一下我兒子的一場關於「細菌」的科學報告吧。首先老師提出了一個問題，教室裡哪裡細菌最多？於是孩子們分別提出他們的假說——有的說地板最髒，所以地板上的細菌最多；有的說教室裡的實驗桌上細菌最多，更有孩子甚至說門把上細菌最多；但是提出了假說之後，孩子們需要證明。

接著孩子們在老師的幫助下做出了一個計畫：把地板上的細菌數量和實驗桌上的細菌及門把上的細菌數量進行比較。

怎麼比較呢？顯然肉眼是看不到細菌的，但是老師並不提供顯微鏡給他們使用。老師告訴他們，有些東西無法直接測量的時候，可以用間接的辦法，最後在老師的引導下，孩子們得到了下面的實驗計畫。

先用三塊乾淨的試紙分別擦地板、實驗桌和門把，然後把試紙上擦到的東西移到培養皿裡面密封起來；接著把培養皿放在一個檯燈下照射三天保持溫度，三天以後便可以用肉眼直接觀察細菌的數量了。另外，為了防止實驗的誤差，老師叫小朋友們每個實驗做三次，這樣可以防止一些偶然因素對實驗結果的影響，所以地板細菌、實驗桌細菌和門把細菌的培養皿各有三個。下頁的圖是孩子們最後的實驗結果。

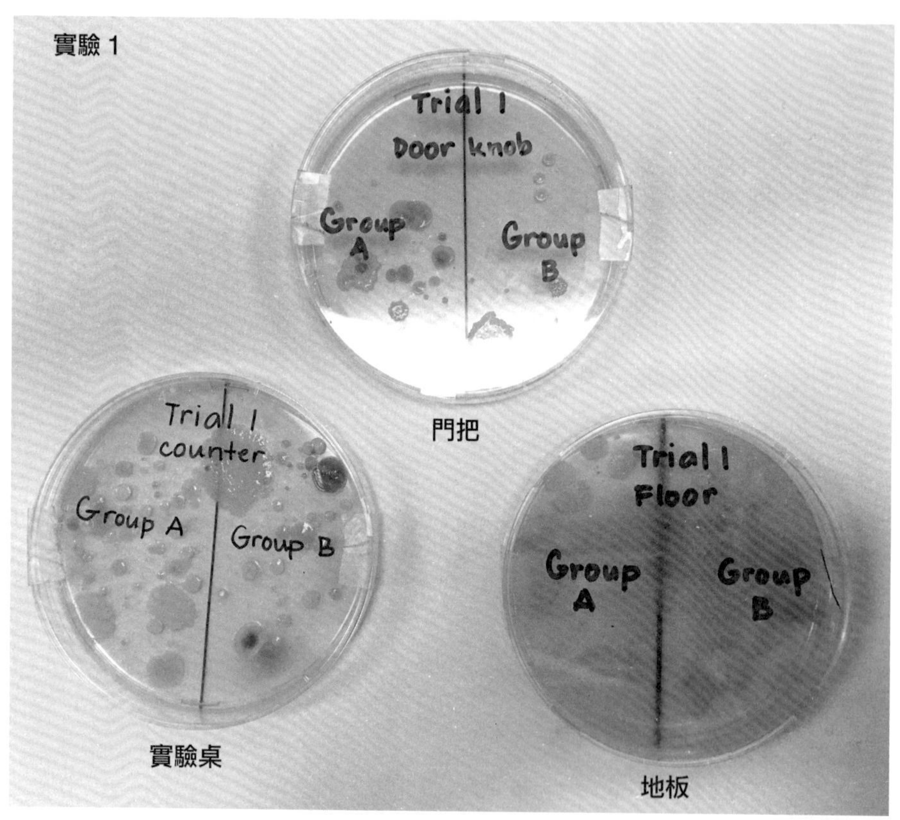
實驗 1
Trial 1
Door knob
Group A
Group B
Trial 1
counter
Group A
Group B
Trial 1
Floor
Group A
Group B

門把

實驗桌

地板

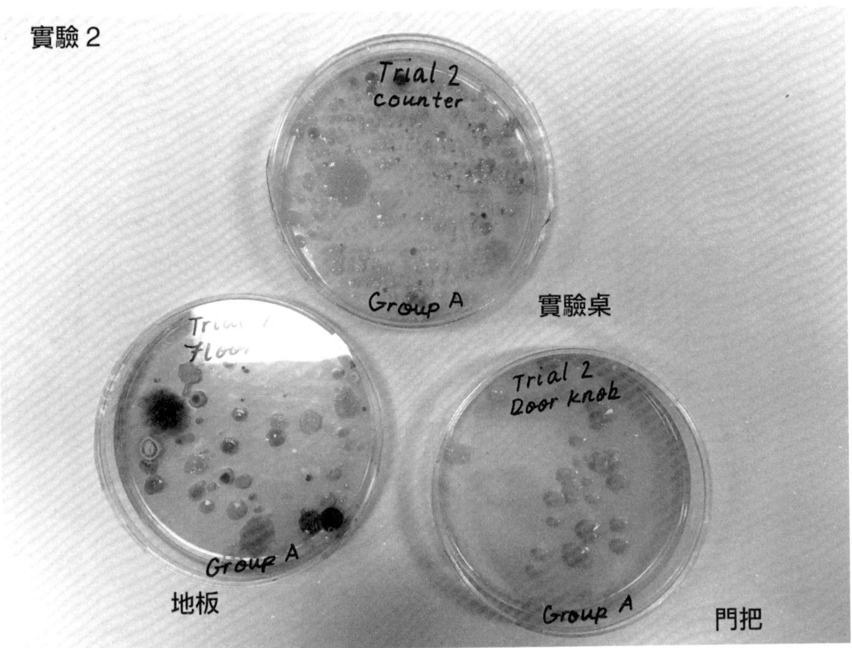
實驗 2
Trial 2
counter
Group A
實驗桌
Group A
地板
Trial 2
Door knob
Group A
門把

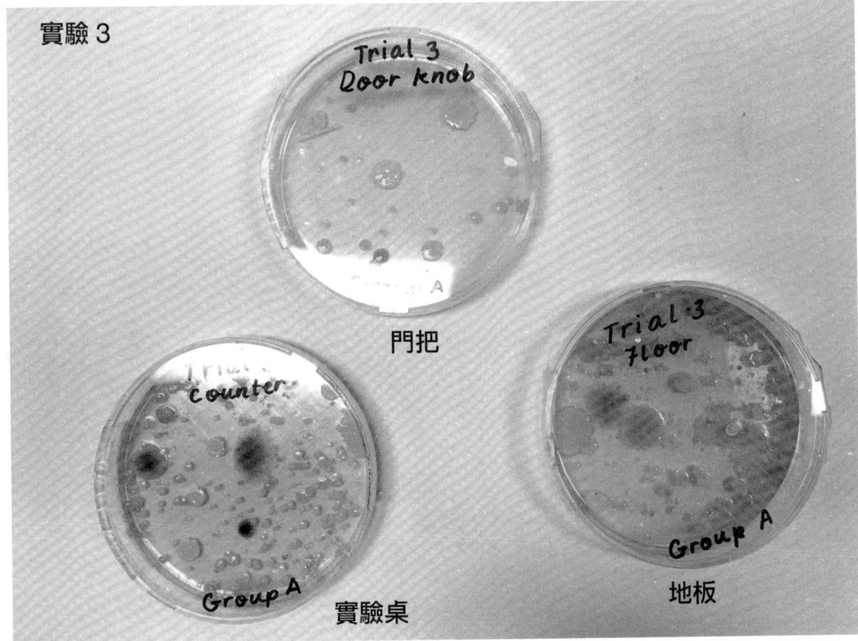
實驗 3
Trial 3
Door knob
門把
counter
Group A
實驗桌
Trial 3
Floor
Group A
地板

用圖表呈現實驗結果

	Trial1	Trial2	Trial3
door knob 門把	8 spot	5 spot	3 spots
counter 實驗桌	23 spot	8 spot	5 spots
floor 地板	19 spot	9 spot	17 spots

這張圖是我兒子自己繪製的實驗結果圖表。

聽完報告回來，孩子的爸爸一直在感慨中國和美國在科學教育方面的巨大差別。孩子的爸爸是朋友眼中的頂尖學生，在美國史丹佛大學拿到了博士。他說在他受教育的過程中，就算在大學裡，老師也沒有把科學方法獨立拿出來授課，而美國小學一年級老師就開始講解了。這一套方法，就算是在做博士畢業論文的時候也是一脈相承的。

美國小學課堂上老師教會孩子們的實驗方法

1. 闡述問題（你想發現些什麼？）
2. 形成一個假說，可以是一個猜想（你設想會發生什麼樣的情況？）
3. 計畫（你需要哪些材料來完成你的實驗）
4. 過程（一步步地列出過程去測試之前的假設）
5. 結果（最後發生了什麼樣的情況？）
6. 結論（從中學到什麼？問題的答案是什麼？你之前的假設正確嗎？）

孩子們除了每個人會分別上台報告之外，還需要分工合作製作科學實驗展示板。報告結束後，兒子興奮地告訴我，哪一部分是他做的，甚至哪幾個細菌是他畫的，看得出孩子們從這次科學實驗中學到了不少東西。

Tiny Troubling Germs
Trial 1
Trial 2
Trial 3
Door knob
Counter
Floor
Procedure

科學實驗展示板。

中美教育在很多方面存在差異性，美國有很多不錯的教育理念值得我們借鑒，我相信現在中國應該已經有不少學校開始借鑒這些東西了。在思考中美教育差異性時，我最大的體會是，美國教育多數是讓孩子們帶著問題主動去尋求答案，而這個答案很多時候都不一定是標準答案；而中國的教育更適應於權威的統一標準答案。

此外，美國老師會把深奧的重力波證明和小朋友做的關於細菌的科學實驗聯繫在一起，讓他們覺得自己做的東西在某些地方和偉大的科學家是相似的，這會大大提高孩子們的興趣，我想就這一點來說，老師真是費了一番苦心。

看似簡單的美國小學數學

美國小學數學教得簡單一直被大家所詬病，常常會流傳著美國小學生三年級還在扳著手指頭做數學題的流言，我相信這確實不是空穴來風，畢竟數學這門學科不是所有孩子都能夠學得輕鬆的。

兒子拿回來一疊數學試卷，我大致翻了一下，就四則運算來說的確不難，我相信中國很多孩子在幼兒園的時候就已經能夠做一百以內的加減法了吧。左頁這張試卷是兒子開學快一個星期之後的四則運算考試，具體來說只有加法，還是15以內的加法。

但是，同一階段的另一些數學考卷卻讓我覺得在看似簡單的題目裡，其實包含了各種最基礎的知識。例如第189頁考卷：第一題是一道最簡單的應用題，孩子首先得讀懂題目。我問兒子是不是每個單字都認識，他說不是，但是老師讓他們能夠抓住題目的核心，他只需要認識“five pages, added, two pages”就可以了，而對於其他細節，到底題目中提到的是馬修還是湯姆，那都無關緊要了。

第二題是讓孩子學會認識溫度計。這與我們的日常生活息息相關，兒子說老師上課在講授溫度這個概念的時候，還會提到人體的正常體溫，比如人發熱時的體溫，什麼樣的溫度該穿什麼樣的衣服等概念。第三題是讓孩子把三個圖形平均分成兩半，這是對圖形分割、組合的測試。第五題已經引入了分數的概念，$\frac{1}{2}$、$\frac{1}{3}$、$\frac{1}{6}$等等。

另外一張試卷中（見第190頁）：

第一題：融入日期、年月日的概念。

第二題：找出圖形的規律。

第四題：孩子們開始學習時間的概念。

總體來說，美國小學特別是低年級對數學的要求不高，但是內容卻包羅萬象，老師講授數學知識的時候也會連結到實際生活，畢竟數學這門學科要真正地和生活結合，才能讓孩子體會到學習數學的樂趣。

大家普遍有個印象就是中國孩子的數學基礎

1. Matthew wrote a five-page story. On the next day he added two pages to his story. How long is his story now? Draw a picture and write a number sentence for this story. Write the answer with a label.

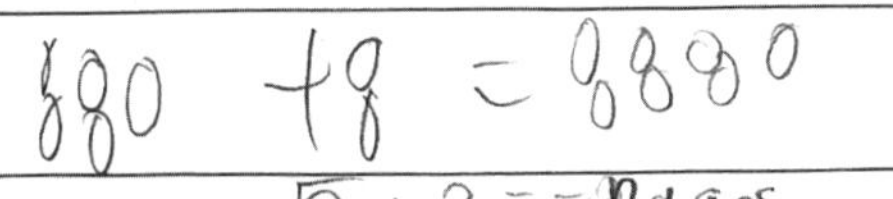

Number sentence 5 pages + 2 = 7 pages

Answer 7 pages pages

2. Which number on the thermometer is the temperature closest to? 70 °F

°F 110 100 90 80 70 60 50 40 30 20 10 0 −10 −20

3. Divide each shape in half. Shade one half of each shape.

4. Circle the largest number. 17 34 29

5. Match each name with the correct picture.

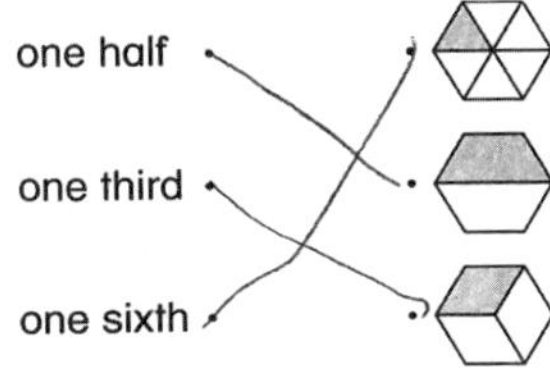

6. Add.

7 + 2 = 9　　3 + 9 = 12　　9 + 6 = 15

2 + 8 = 10　　9 + 2 = 11　　5 + 9 = 14

比美國孩子強，或者說至少解那些深奧的奧數題目對於中國孩子來說是非常在行的。美式教育當中，不會一味地強調要讓孩子們做大量的題庫，解出很難的奧數題，更多的是去引導孩子們發現在日常生活中有哪些和數學相關的知識。當孩子們開始把數學和生活聯繫在一起的時候，數學就不再枯燥無味，而是變得生動有趣了。

1. Use the class birthday graph to answer the questions.

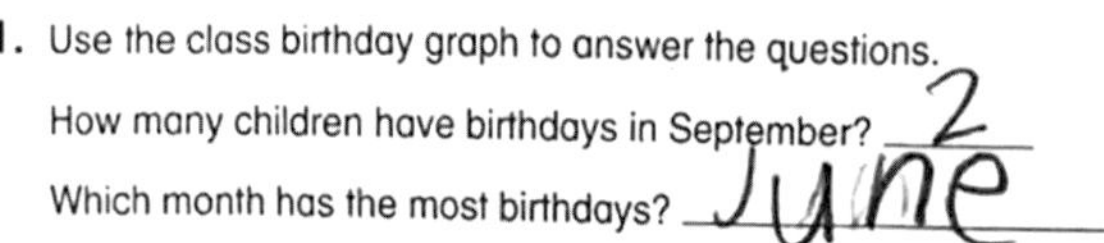

How many children have birthdays in September? 2

Which month has the most birthdays? June

2. Continue the repeating pattern.

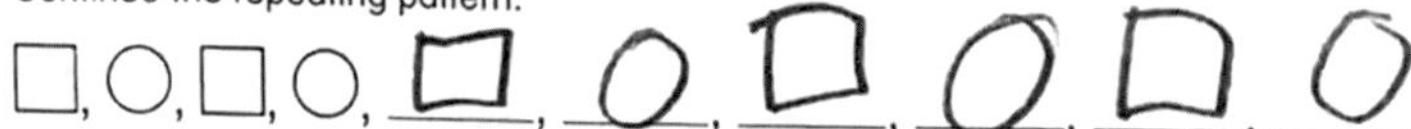

3. What number is one more than **34**? 35

What number is one less than **54**? 53

4. Write the digital time.

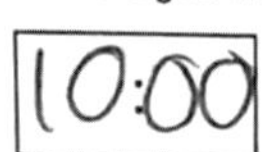

5. Fill in the missing numbers.

1	2	3	4	5	6	7	8	9	10
11	12	13	14	15	16	17	18	19	20

重質不重量的家庭作業

有許多朋友問我：「美國孩子每天的家庭作業是怎麼樣的？」那我就來談談美國孩子的家庭作業吧。每週一，老師會發給孩子一張上面印有孩子一週作業的清單。

老師沒有硬性規定家長每天必須幫孩子檢查作業。我一般會在週一的時候大致掃一眼他們這週有哪些內容，讓心裡有個底。每天放學接兒子的路上，我會讓兒子一邊回憶一邊告訴我在學校發生的事情，有時是談學校裡一些有趣的事情，有時是一起複習當天所學的知識。

美國學校通常下午三點就放學了，但是像我家這樣的雙薪家庭，三點到六點之間孩子的另一個去處就是課後班（afterschool）。課後班一般會有固定的時間要求孩子們完成當天的家庭作業，再進行其他的課外活動，和中國孩子繁重的作業負擔比較起來，美國孩子每天的家庭作業簡直少得可憐。低年級的孩子每天的作業量差不多是半小時內可以完成的，一般會有四頁作業，分別是：數學四則運算、數學綜合習題、文法和閱讀。

數學非常簡單，現在仍然是16以內的加減法，例如讓孩子們找出加減法中計算錯誤的題目，並加以改正。除了計算題，還有應用題，如第193頁圖中的第一題，賈斯汀把迴紋針分成每十個一組，他完成了六組，問一共有多少個迴紋針，這已經帶入了乘法的概念。

第二題是判別時鐘，已經精確到「分」的程度；

第三題是對稱的概念；

第四題也是應用題，一輛汽車有兩個車燈，問十輛汽車一共多少個車燈？

第五題是四則運算題。

在學習了代名詞的主詞和受詞後，孩子們還有文法作業。他們每天作業的最下方會有一個challenge題目，也就是中國常說的附加題，難度相對大一點。例如，有時候附加題是讓你在輔助動詞上加個星號，在連綴動詞上加個心形。

美國人很愛讀書，也非常重視閱讀，所以每天除了二十分鐘的閱讀之外，還會有一頁閱讀理解的作業。通常這篇閱讀理解的段落是孩子們最近正在讀的一本書裡的內容。當然單獨閱讀這個段落，也足夠完成閱讀理解的作業。一般閱讀理解的題目會有：找出段落中的細節，判斷句子的對錯，以及得出結論。有時還會圈出一個孩子們不認識的單字，從上下文找出意思相近的詞，或是把一些句子打亂順序，讓孩子們根據段落的意思重新填寫順序等等。老師通常會在完成的作業上面蓋一個標記，以表示完成；如果孩子出現錯誤，老師也會改正。

大致上來看，美國孩子的家庭作業負擔不重，但是老師每天都會要求孩子在完成作業的同時再閱讀二十分鐘，並且一個月會安排一遍讀書筆記。

1. Justin put the paper clips in groups of 10. When he finished, he counted six groups of paper clips. Draw a picture and write a number sentence to show how many paper clips he has.

6 groups of 10 paper clips. Number sentence 6X10=60

How many paper clips does he have? 60

2. It's afternoon.
What time is it? 2:39 pm

3. Draw a line of symmetry in each shape.
Color one half of each shape.

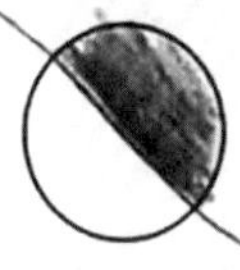
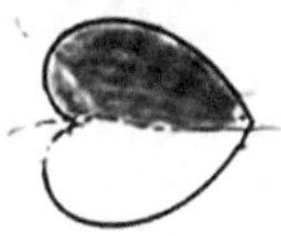

4. Mrs. Klisky's class is making toy cars. They will need 2 headlights for each car. Use the table to show the number of headlights they will need for 10 cars.

Cars	1	2	3	4	5	6	7	8	9	10
Headlights	2	4	6	8	10	12	14	16	18	20

How many headlights will 10 cars have? 20 headlights

5. Find the answers.

9 × 1 = 9
7 × 10 = 70
6 × 100 = 600
3 × 100 = 300
4 + 2 + 9 + 3 + 1 + 6 = 25

73 − 29

$$\begin{array}{r} 73 \\ -\ 29 \\ \hline 44 \end{array}$$

$$\begin{array}{r} 84 \\ 93 \\ +\ 16 \\ \hline 193 \end{array}$$

小學生的學習生活不如想像中輕鬆

有不少家長問我，美國小孩每天的學校生活是什麼樣的？美國小學生的一天是怎麼度過的？我兒子所在的小學從八點半開始正式上課，但是一般老師會要求八點到八點十五之間到校。孩子進了教室之後到正式上課這段時間，老師會要求孩子們做一些黑板上的作業（board work），類似中國的晨讀或早自習，通常老師會在黑板上列出一些前一天課堂上講過的知識，比如單字拼寫、數學或地理等。

八點半，孩子們開始一天的第一堂課。一般來說，第一堂課是文法課和拼寫課。美國小學在一年級的時候就已經開始上文法課了，孩子們一步一步地學習主詞、受詞，單數、複數，名詞、動詞、形容詞、副詞等，老師也會盡可能地鼓勵孩子們用最簡單的詞語造句。

一般一年級的孩子每堂課是四十五分鐘，課間有十五分鐘可以休息。上午的第二堂課通常是閱讀課或是地理課。閱讀課上，大致上每兩週都會讀一本新書，課堂上老師為孩子們念一段內容，接著會詢問他們聽完這段故事後的感想。最近孩子在閱讀課上讀的是一本關於狗的故事書，講的是五隻狗的真實故事。我大致翻看了一下，裡面有講小狗救人的故事，也有講狗幫助其他小狗夥伴的事情。

其實這本書的文字量和厚度都出乎我的意料，在我的記憶中，我們小學一年級的時候是讀不了文字這麼密集的書的，一般一年級讀的書還是多以文字和圖畫的內容為主。美國的學校對於孩子的閱讀是非常重視的，這也是為什麼美國從兒童到老人都熱愛讀書。

中午十一點半是孩子們的午餐時間，美國的孩子中午是不放學回家的，我通常會在前一天晚上幫兒子準備好第二天的午餐，有時是炒飯、餃子，有時是一些簡單的三明治。當然，美國有很多專門為孩子們派送午餐的公司，可以提前一天在這些公司的網站上預訂，第二天中午就會派送到每個學校。

下午的課程，第一節是地理課或科學課。我在前面幾篇有提過美國老師上地理課會結合一些手工作業，比如說讓孩子們用黏土和沙子自己製作美國加州的地形圖。像這樣講授地理課，不僅生動有趣，孩子們還能更有效地記憶。

科學課的授課老師很注重科學實驗的方法，我在上一篇文章中談到孩子們利用手邊簡單的工具來證明地板、實驗桌還是門把上的細菌最多。

下午的第二節課通常是數學或電腦。美國孩子數學課的內容對於中國的孩子來說不深，但是內容卻包羅萬象；電腦課程現階段還比較簡單，是用最簡單的 Terrapin Logo 來進行簡單的程式設計。

一般下午兩點以後，孩子們在學校就是PE的時間，也就是我們所說的體育課，體育課內容也很豐富，包括足球、籃球、棒球等等。美國孩子一般下午三點就放學了，這也是為什麼中國專家常提到美國孩子上學很輕鬆的一個根據；但是美國還有 afterschool，內容豐富精采，不僅僅是課後補習，很多全職照顧家庭的媽媽，下午三點孩子放學之後會送他們去各式各樣的課後班，有運動類、書畫棋牌類、藝術類、語言類、科學類……，種類繁多、數不勝數。

美國的課後班和美國基礎教育體系是相對獨立的，也不隸屬於美國的各個小學，通常是由私人開辦。一般課後班會有專車去學生所在的學校接送，到了課後班之後，會有專門的老師輔導孩子們完成當天學校的家庭作業，之後便會安排各種課後興趣課程。

另外，美國的小學和中國的學校在老師教授課程的劃分上還有一個比較大的差異。美國小學每個班只有一個老師，這個老師會教授這個班幾乎所有的課程（包括數學、科學、地理、邏輯、文法、閱讀等，一般電腦除外）；也就是說美國小學的老師是按橫向來劃分的，基本上是全科老師。而在中國，我記憶當中每個科任老師只負責一門學科，比如說數學老師只負責教數學，但是可以教一到三年級或者更高年級的數學，也就是說中國的老師是按照科目縱向來劃分的。

真正發揮因材施教的「另類學校」

如今在中國，從學校到老師，從家長到社會，都在談教育改革。同樣地，美國也正面臨著一場教育革命。這場教育革命源於最先進的科學技術革命，未來它將一步一步改變孩子們的學習習慣和學習方式，這場教育革命已經在美國的矽谷拉開序幕。

相信很多人在過去的學習生涯中都遇到過這樣的情況：某些學科成績比較好，學得輕鬆，而其他學科相對比較費勁。這就是老師經常提到的「偏科」現象。古人云：「夫尺有所短，寸有所長；物有不足，智有所不明。」所以現代教育越來越強調「因材施教」，但是如何能夠真正做到因材施教呢？

在美國，一種名為 AltSchool 的學校橫空出世。“Alt” 是英文，“Alternative” 的簡寫，意思是可替代的，可選擇的。我暫且稱它為「另類學校」，這個學校算是真正解決了對每一個學生實行因材施教的問題。

這所學校的創始人馬克思．萬提拉（Max Ventilla）是美國 Google 公司的一位前主管人員，一個熱愛科學又滿腔熱血想要改變世界教育的科技「怪咖」。「另類學校」成立於二〇一三年，在二〇一四年獲得第一輪募資三千三百萬美元，隨後在二〇一五年獲得臉書首席執行官祖克伯和蘋果前總裁賈伯斯遺孀等人的一億美元第二輪募資。目前，「另類學校」在美國有六所分校，其中五所就在我生活的三藩市矽谷地區，一所在紐約。

那麼，這所學校是怎麼顛覆美國現行的傳統教育呢？

首先，「另類學校」的授課方式不同，每個學生都有自己的學習進度，同一個班的學生學習進度不需要統一。

在這裡，大部分的教學並不是在傳統的黑板或白板上完成的，而是通過平板電腦和電腦來實現。每個老師會根據孩子對知識的理解而個別制定個性化的學習計畫，並發送到每個孩子的平板電腦上。在這個學校，大部分知識的傳授是通過影片、動畫、軟體等方式在平板電腦上進行，老師的角色也從課堂教知識的人變成了課後的輔導員，他們做的更多的事情是課後的解答，回答學生們在平板電腦上學習知識以後的疑問。因此，即使坐在同一桌的兩個孩子，他們的平板電腦呈現的具體學習內容也是不同的，例如，當小明在學10以內的加減法時，同桌的小莉有可能已經在學習100以內的加減法了；但是小明的語文課程有可能比小莉領先不少。

自從有了學校，傳統的教育模式通常是老師一對多的教學，教學大綱的擬定和編寫通常是按照同個年齡層孩子的平均水準來制定的。在這種傳統的教育方式下，通常會出現這樣的情況：成績好的孩子「吃不飽」，因為老師講的內容他都懂了，而成績差一點的孩子「跟不上」，通常最受益的是那些各方面水準都中等的孩子。

但是，有研究表明，有些成績差的孩子，也只是在某一段時間或是某一門學科上落後，一旦跨越了這個階段，他們完全可以和成績好的孩子一樣，甚至更好。這讓我想起了小學班上的幾個男生，小學時貪玩、成績不好，但是到了初中、高中，成績突飛猛進；但如果這些孩子因為成績暫時不好，得不到老師或家長的肯定和鼓勵，他們的自信心和領導力勢必會受到影響，這對孩子長遠的性格培養是很不利的；而「另類學校」完全顛覆了這樣的教學理念，從某種意義上來說，它拉平了先進學生和後進學生之間的差距，讓他們都以自己的速度學習，從而達到最好的學習效果。

其次，「另類學校」的班級組織形式不同——同一個班上的學生不是同一個年級的學生，看到這個學校的班級劃分，你可能會非常驚訝。舉個例子來說，我參觀過一所「另類學校」，一共有四個班，學前班和一年級同一個班；二、三年級同一個班；四、五、六年級同一個班；七、八年級（初中）同一個班。

這種班級的劃分也是有意義的，「另類學校」裡的一個團隊實際上就是一個小社會的縮影，孩子在團隊裡面充當的角色也是不斷變化的，是從跟隨者到領導者的過程。

例如，學前班和一年級的孩子一起做一個專案。通常一開始，學前班的孩子一定是跟隨者，因為整個團隊裡有比他更年長、更有能力的夥伴，而這個時候他也能從一年級的孩子身上學到很多東西；但是等他到了一年級的時候，他已經略顯成熟，最終成為一個好的領導者。這種組織形式對培養孩子的學習能力和領導能力，以及對於增強孩子的自信心非常有益處。其實，看看我們所在的現實社會，不就是一個各年齡混合的社會嗎？

正如「另類學校」的老師所介紹：「當孩子們透過自己的熱情探索世界，並在合適的階段受到挑戰，學習會變得引人入勝，妙趣橫生。」

在「另類學校」，老師通常不會把「三年級的學生就該這樣」掛在嘴邊。一個九歲的孩子可能會做四年級水準的數學，看三年級孩子的閱讀書，但是同時具備五年級孩子的社交能力。他們相信，一個孩子的教育應該體現自己的獨特性。

除此之外，「另類學校」的個性化教育還體現在許多其他方面，老師會不斷地按主題或環境，適當調整每個學生的目標、進度和內容來擔當團隊合作中不同的角色，就這一點來講我覺得意義非凡。美國教育非常重視團隊合作精神，因為從古至今，任何人的成功都離不開團隊合作。

「另類學校」之所以可以各年級組成混合班級上課，和授課方式密切相關，只有當每個學生都可以獨立按照自己的進度和課程學習的時候，你才可能把不同年級的學生編排在一個班裡，進而培養他們社會性的一面。「另類學校」之所以可以實現這一切，也是因為他們有一群夢想改變世界的探路者，正是這些人在為這個系統搭建合適的軟體、硬體系統，並即時對這個系統進行監測和改進。

由於有了這樣一套系統，「另類學校」的每個學生都有個性化的學習計畫，根據他們目前在所有學科領域的知識、個人的目標和興趣來制訂，這就是真正意義上的因材施教！

不排名，90%的肯定

以我的個人經驗，以及我的孩子在學校上學的情況來看，我覺得美國的老師和中國老師最大的不同是，中國的老師在評價一個孩子的時候，可能過多地去評價孩子的缺點，比如說開家長會的時候，老師對孩子的表揚只占很少的一部分，大多是說這個孩子的缺點，老師會告訴家長，孩子哪裡表現不好，應該怎麼改進；但這在美國是恰恰相反的，在美國無論是我的孩子在讀小學，還是我跟我先生在史丹佛大學讀書的時候，老師更多是去評價學生的優點。他不會總是指出缺點，而是百分之九十的評價都是在說學生的優點，這點我認為是和中國非常不一樣的地方。

另外一個不同的點是，在美國基本上很少有團體家長會，不會像在中國開家長會，所有老師、家長都去，老師在台上公布整個班級的排名。美國學校開團體家長會，一般是老師在台上講一講，家長需要怎麼配合老師的教學，或者介紹一下學校和老師的情況，但是像公布全班的成績、孩子的排名、發考卷這樣的事情並不會在家長會出現。在美國，如果家長想了解自己孩子的成績，或者孩子在學校的學習情況的話，一般都是採取一對一的方式，家長需要跟老師約單獨見面的時間，然後是父母和老師單獨進行會議。以我的孩子為例，從他上幼兒園到現在上小學，每次我們都會事先和老師約一個時間，單獨到學校專門的小辦公室，這時老師就會具體地說明我的孩子的情況，而且很多時候老師都是在表揚這個孩子，他會說我發現你的孩子哪方面很好，哪部分不錯，並不會過多地去說這個孩子的缺點，因為在美國老師心目當中每個孩子都是不一樣的，都是獨特的，他們不會把這個孩子去和別的孩子做比較。有時候身為家長的我們會很想知道孩子在班上的排名，大概是什麼樣的層級，或者說名次。有時候我們會試探性地問老師，孩子在班上算不算成績好的？至少我兒子的幾任老師從來不會正面回答這個問題，他們都會說：「每個孩子都是獨一無二，都是特別的，沒有必要把你的孩子跟別的孩子做比較。」例如他會跟我們說：「你的孩子在數學方面比較優秀，相對數學、邏輯、科學來說，可能在其他方面，比如英文的文法或一些閱讀方面，與這些學科比較起來，相對要落後一點。」（這可能與我們在家裡是說中文有關，孩子回到家是要強制說中文的。）

孩子的老師只是把這個孩子的特長和比較弱一點的地方單獨比較，絕對不會把兩個孩子或者把孩子放在班上來比較。美國的老師覺得每個孩子都是特別的，在美國也不會為孩子排名次，從幼兒園甚至到讀碩士、讀博士，美國是沒有排名的，他們覺得這些是孩子的隱私。像在中國有的老師會在黑板上寫出前十名，倒數十名的學生名字，這在美國是絕對不會出現的事，美國的老師甚至不會告訴你孩子在班上大概是什麼排名，他們不會去排名，因為他們覺得這是涉及孩子隱私的事情。老師一般會告訴家長，他們每個學期期末的時候會把成績單單獨郵寄給家長，而不是開家長會的時候發給家長，讓其他家長都看到。學校寄給家長的成績單是一個百分比，每年我的兒子會參加美國一個專門的標準測驗，這個測驗的結果會以百分比的形式呈現出來，比如說97%，意思就是在一百個孩子當中，你的孩子可能是排在前三，如果是85%，意思是在這個學科上你的孩子在一百個孩子裡可能是前十五個。學校不會把整個班級拿來排名，可能是全州或者說同一個城市的成績百分比。

對於我自己在美國求學，我的印象最深的是當時在史丹佛大學讀書時，考完試以後每個人要自己去查找自己的考卷，而老師都會非常細心地用牛皮紙信封把每個人的試卷單獨裝起來並封上，外面寫上學生的名字；所以當我去找試卷的時候，我只能看見信封上的名字，別人考了多少分我是看不見的。這個小細節其實體現了老師會最大限度地保護學生成績的隱私，他會想得非常仔細。

還有一件讓我印象很深刻的事情，有一次老師在課堂上發考卷，當時我坐在第二排，按照中國常規的作法，老師一般都是攤開考卷發給學生，所以坐第一排的學生一眼就能瞄到別人的分數。我非常清晰地記得，那門課的教授是把我的試卷捲成一捲遞給我的，而且都是把分數捲在裡面，因此第一排的學生是看不見別人的成績的。在美國，成績是學生的隱私，是學生需要自己保護的東西，老師絕對不會排名，也不會在班上公布，這一點和中國很不一樣，也在最大限度保護了孩子的自尊心。美國老師在尊重孩子這一點上確實是做得非常好，因為美國的教育當中不斷強調每個孩子都是獨立的個體，都是獨特的，沒有必要去比較不同的孩子。

我記得以前在中國上學的時候，老師會在成績單上列出全部學生的排名，如果自己的孩子在班上是前十名，家長就會很得意，但如果看到自己孩子在倒數甚至十名以外，家長就會垂頭喪氣。中國的父母特別焦慮，看到別的孩子上了奧數課，就考慮自己的孩子是不是也要上；看到別的孩子英語考了一百分就開始著急，覺得是不是要讓孩子抓緊補習了；或者別家孩子學了鋼琴，自己家孩子是不是也要開始練。美國的老師強調每個孩子都是不一樣的，作為家長更需要去挖掘自己孩子的特長，而不是去比較自己的孩子哪裡不如別人家的孩子，在評價孩子這方面，美國的學校真的是做得非常好。

中國高考不好考，美國高考就容易嗎？

每年到了中國高考那幾天，各大媒體都會報導關於高考的話題。雖然已經時隔快二十年了，但是高考前的那些日日夜夜、血雨腥風，我仍然歷歷在目。

一天和一個老友吃午飯，聊起高考的話題，老友無奈地跟我說：「我啊，你一定要寫一篇關於美國孩子高考的文章，讓大家知道美國孩子真實的高考到底是什麼樣子的。」

他說最近經常接到這樣的諮詢電話，內容大都是「○○，你幫我想想辦法啊，我兒子／女兒成績不太好，現在中國高考壓力太大了，我想把他／她送出國讀書。據說美國孩子高考比中國容易多了，是不是這樣的啊……」

我的這個朋友應該算得上是「學神級」（學霸已不足以表明他的能力）的人物了，他當年是中國某高考大省的狀元，後來又拿到美國哈佛大學、史丹佛大學和耶魯大學幾所全世界頂級大學的全額獎學金，最終選定在史丹佛大學攻讀博士學位，他的孩子正好今年也在美國高考。

他說：「我都不知道中國什麼時候開始流傳美國的孩子高考容易、簡單這樣的傳言了。中國高考不好考，你以為美國高考就容易啊？看我兒子在美國準備高考的那個勁頭，可比我們當年在中國高考難多了啊！」此話不無道理，且聽我一一道來。

高考——兩國孩子都很拚

我自認為這輩子讀書讀得不少了，這些年無論在中國還是美國，我們認識的「學霸」「學神」這樣厲害的人真的不計其數；但是說句真心話，無論哪國的孩子，要想考進一所好的大學，都同樣是異常艱苦的。我們常常看到中國媒體報導中國孩子備戰高考的情景是課本、試卷疊成書海，學生們兩耳不聞窗外事，深陷其中挑燈夜讀，中國很多家長卻在媒體的誤導下，以為美國孩子備戰高考是輕輕鬆鬆玩出來的。

其實不然！曾獲得最高新聞獎——普利茲獎的美國記者艾德華·休姆斯（Edward Humes），曾經花了一學年時間，在一所美國公立高中蹲點。一年的體驗讓他得出這樣的結論：「四是有魔力的數字：四小時睡眠，四杯拿鐵，四·〇」。也就是說，美國高中的孩子們為了得到最高的平均成績四·〇，他們一天只睡四個小時，灌下四大罐拿鐵咖啡，為的就是能夠熬過一整夜。

有人曾測算過，美國高中生一年要背一百一十二磅的課本，約等於一百零四斤。美國教育從小強調批判性思考，所以很多時候高三的老師甚至不上課，讓學生泡在圖書館裡查資料、寫論文，所寫的論文並不是胡亂堆砌材料東拼西湊，而是要求自成邏輯、有獨特的見地！就這一點來說，學習強度完全不亞於中國高三的孩子！

分數不是萬能，但沒有好分數卻萬萬不能

中國的高考就算現在不斷地強調要摒棄應試教育，轉向素質教育，但是眾所周知，中國的高考仍然是唯分數至上。

放榜之日，重點線、一般本科線就是那麼冰冷無情地畫在那裡。我仍然記得當時我們班上有一個平時成績很好的同學，僅僅因為一分之差，就被她的理想大學無情地拒之門外。

而反觀美國高考，誰說分數就不重要了？在美國，分數不是萬能的，但沒有好的分數卻是萬萬不能。我曾經和一個美國大學招生組的朋友聊起美國大學對於孩子分數的話題，她是這樣跟我說的：「分數不代表你的智商，但分數絕對代表你的學習能力。如果一個學生只需要花費別人一半的時間就能夠學得和別人一樣好，那不僅說明這個學生聰明，更說明他比別的學生擁有更好的歸納、總結、梳理知識的能力，只會死記硬背永遠不可能獲得高分。」

另外，和中國的高中相比，美國的高中提供孩子們更多選修課的自由。比如開設除了英語以外的第二外語，學生們可以選修法語、西班牙語、拉丁語、中文等。除此之外，很多高中還會鼓勵高中生選修很多大學預修課程（Advanced Placement，簡稱 AP 課程）。

我的那個美國大學招生組的朋友還強調，「當我們拿到成績單的時候，不僅要看分數，也要看科目，我們需要考查學生是否選擇了對他來說最具有挑戰性的科目。」舉個例子，如果同樣兩個華裔家庭出來的孩子選修第二外語，一個選修了中文，另一個選修了法語，那我們有理由相信，選修

法語的孩子更願意挑戰自我，因為華裔家庭有學習中文的天然語言環境。

拚的方向不一樣——中國檢視分數，美國檢視能力

除了需要足夠多的最高平均成績四．〇的分數外，美國的大學還要檢視孩子的其他能力。當孩子們在成績上難分勝負的時候，課外活動就成為競爭的另一個戰場。

我在之前的文章裡曾經提到，美國教育非常強調培養孩子的領導力和團隊合作精神，所以除了分數外，孩子們還要盡可能地多參加各式各樣的社團活動；但僅僅只是「蘸醬油」混過可不行，還需要在這些社團裡謀個「一官半職」，無形中會占用孩子們很多的課外時間。

前面提到我的那位「學神」朋友的孩子，就身兼學校辯論社和電腦社的兩個會長。他說，「別看美國高中貌似下午三點就放學，我兒子一放學就要去圖書館查資料寫論文，完成作業後還要繼續和同學討論社團的活動方案。他們還參加了全美電腦程式設計大賽，參加的學生都是電腦程式設計高手，個個都異常亢奮，要想拿個名次可真不是容易的事情。」

除此之外，美國教育中「服務他人」的意識也被看得非常重，所以就算是高中生，每週花費一定的時間做志願者幫助社區做些公益活動，也是美國好的大學非常看重的學生品質。

而反觀中國的高三學生，別說服務他人了，在家裡父母恨不得把飯都餵到他們嘴裡，就是為了能夠讓他們多一點時間學習。

選拔什麼人才──中國選拔全才，美國更喜歡偏才

我曾經看過一張圖，我覺得很傳神地詮釋了中國和美國高考對於選拔孩子上的區別，中國的高考更像是「補短式」的選拔。我們常聽到老師對高三的孩子一再強調：「你們千萬不能偏科啊，某一科差一截的話，會把整個分數都拉下去的啊！」

而美國的高考選拔，更趨近於「揚長式」的教育。一個殘酷的事實是，在美國大學申請表上有一欄是「特長」，學生不僅需要列出特長，表格下還需要註明「得獎地區」：州、全國，還是世界級的比賽，如果不是成績特別優異，根本算不上特長。

舉個例子，在中國鋼琴十級算很厲害了吧。要知道美國鋼琴過十級的孩子真是多如牛毛，如果不是拿過州級，甚至是全國的鋼琴比賽大獎，只是鋼琴十級在大學申請表裡都不好意思當作特長，特長意味著必須與眾不同、出類拔萃，而如果特長欄空白的學生，基本上不可能被名校錄取。

這也是在美國大多數華裔家長抱怨和喊冤的一點。大多數華裔孩子單就成績來講，都是個頂尖的，但是美國名校不僅看成績，還看其他方面。申請美國好的大學，最重要的一點就是看這個孩子如何能夠讓自己和別的申請者區分開來，如果能夠在某一方面脫穎而出，那一定是有把握的。說起來容易、做起來難啊！不僅成績要好，還要參加那麼多社團活動，並且要在這些活動中脫穎而出，這分明就是鐵人十項全能啊！不僅如此，美國的每個大學申請並不像中國那樣有個統一的標準──分數線擺在那裡，而是每個學校都有不同的偏好，並沒有任何成文的規定綱領可以照章辦事，所以

說，中國高考不好考，你以為美國高考就容易啊？雖然中國千軍萬馬過獨木橋的高考被不斷地唾棄，但是我想高考仍然算得上目前中國最公平的考試了吧；而美國的高考更像一個社會選拔，每個家長和孩子都使出渾身解數，就為了能夠鶴立雞群，而這背後的艱辛，又豈是中國家長能夠感受得到的？

下面這張圖表是二〇一五年、二〇一六年美國錄取率最低的十所大學，敢於報考這些學校的學生已經是絕對的出類拔萃了，但是錄取率仍然非常之低。史丹佛大學最近連續幾年擊敗哈佛成為美國最難申請的大學，作為史丹佛校友的我對此深有體會，也永遠忘不了曾經拚搏的日日夜夜！

美國十所大學人數與錄取率統計			
美國大學	申請人數	2016 年錄取率	2015 年錄取率
史丹佛大學	43997	4.7%	5.0%
哈佛大學	39041	5.2%	5.3%
哥倫比亞大學	36292	6.0%	6.1%
耶魯大學	31455	6.3%	6.7%
普林斯頓大學	29303	6.5%	7.1%
芝加哥大學	31286	7.6%	8.4%
麻省理工學院	19020	7.8%	8.3%
加州理工學院	6856	7.9%	8.8%
布朗大學	32380	9.0%	9.5%
賓州大學	38918	9.4%	10.2%

我想告訴各位家長和孩子們：學習從來就是一件辛苦的事情！無論是中國的高考也好，還是美國的高考也罷，沒有哪裡的學生可以不通過艱苦的努力就換來好的成績，作為家長也不要抱著僥倖的心理覺得孩子在中國學不好，到了美國就可以後來居上。懂得珍惜學習的機會，能夠吃得了學習這個苦，我想未來孩子無論走到哪裡都一定是很棒的！

天賦教育——美國的天才班

經常有朋友問我美國有沒有「奧數現象」，所以我想再深入聊一聊美國對數學這門學科的教育。「奧數」是個神奇的東西，似乎有一種魔力，只要聽到的家長就兩眼發光，不過對於孩子未必是這樣。

記得在我上初中的時候，就已經開始流行補習奧數，而平時課堂是不講如此深奧的知識的，所以要想補習只有利用週末專門去奧數學校。現在回想起來，補習的內容已經完全還給老師了，事實證明對我後來的數學學習也沒有起到多大的作用。當然也有例外，比如我先生，他對奧數樂在其中，總是能夠從極難的奧數題當中體會到挑戰的樂趣。

人和人真的有很大的差別，孩子更是。每個孩子都有自己擅長的領域，或許有的孩子對音樂很敏感，而有的孩子對畫畫很有興趣；但是現在在中國，家長似乎有一種心理，如果不把自己的孩子送去奧數學校補補課，孩子真的會輸在起跑線上。

我最痛恨的就是這句「不要讓孩子輸在起跑線上」，人生是一場馬拉松，每個孩子成長的節奏是不一樣的，每個孩子的天賦也不同，學校或家長為什麼要用同一個標準去衡量呢？

在國外這麼多年，聰明人認識不少，除了各省的狀元之外，甚至代表中國參加國際奧林匹克競賽拿到金牌的人都不得不承認「數學」這玩意，除非真的是絕頂聰明的天才，否則真的很難在這個學科上有所建樹。我想說的是，數學這門課在我看來，尤其奧數，真的不是每個孩子都適合的。我們是從小被「學好數理化，走遍天下都不怕」洗腦的一代，對數學有種「變態」的追求，但是到頭來真正有幾個孩子能夠成為數學家，能夠拿到國際奧數獎牌？我認識的拿過國際奧林匹克數學競賽獎牌的朋友都說，學好數學還真不是靠刻苦、努力、寫題得來的。

反觀美國的教育，更強調因材施教，如果不是學奧數那塊料，學校和老師不會逼著孩子去補習；相反如果某個孩子的確在數學方面有天賦，那麼學校也會相應地盡可能提供幫助給這個孩子。

我身邊就有個這樣的例子。我一個朋友的孩子數學非常好，在他二年級的時候數學已經超過了他們學校其他四年級的孩子。我和這個朋友聊天的時候，她說老師主動找到她，建議她的孩子可以超前學習數學，因為孩子的數學老師發現這個孩子在數學上有驚人的潛力，學校理應為他提供更匹配他的學習環境。於是經過學校考核，這個孩子其他的課程還是和二年級的孩子一起上，但是數學這門課就跳到了五年級，和其他五年級的孩子一起上，我由衷地想為這種教育理念「按個讚」，這才是真正的因材施教。

說到因材施教，美國還有另外一種形式，那就是「天才班」。美國各地的公立學校都有，這種班的英文名稱是gifted class，有人把gifted class翻譯成「神童班」，有人則將其譯為「天才班」。

雖然從表面上看，這種天才班和中國的「重點班」很像，但是其實從教育理念上來講是有差別的。中國很多重點班通常並不是按照學生的整體水準來分配，而是按照配備的老師水準來分配。也就是說中國的重點班通常配備的老師都是比較有經驗的，或者教學水準比較高的，但是學生的水準卻參差不齊；而美國的天才班雖然各州在招收上有所差別，但通常都是需要老師推薦，再進行相應的考試。

有些州的天才班從三年級開始，有的學校沒有專門的天才班，而僅僅是把有天分的孩子們集中起來每週特別進修，讓他們專門有一定的時間接受天才教育。更大一點的地方還設有天才學校，比如頂尖的菁英高中。

亞馬遜創始人貝佐斯（Bezos）從小就聰明過人，他當時所在的學校會把他們幾個過人的孩子每日下午叫到校長室，圍坐一圈，先發一篇文章靜靜閱讀，然後大家討論、提問題，鍛鍊批判思考能力。這種方法延續到他治理亞馬遜，至今為止，據說亞馬遜公司開會也是這樣開始，員工先讀文章，然後提問、挑戰，完善後才開始執行。

Chapter 4

好品格來自豐富的社會活動教育

身為父母，我們培養孩子的目的不是想把他們培養成會讀書的書呆子，而更應該鼓勵他們不斷地探索、發展自己的興趣愛好，打開自己的眼界，去發現更精采的世界，去體驗更奇妙的生活。

美國的節日教育——學會感恩，學會愛

細細想來，美國的很多節日其實蠻有人情味的，比如感恩節、母親節和父親節。母親節是每年五月的第二個星期日，雖說不像感恩節、耶誕節那麼隆重，但是孩子們對這個節日的重視程度一點都不輸給其他節日。

從我兒子三歲進入幼兒園到現在，每年的母親節我都會收到他的禮物。有時是一張自己製作的卡片，有時是自己發揮創意的一件小手作，那些小手印、小腳丫記錄了他的成長和用心。

讓孩子學會愛、學會感恩，是美國教育裡很重要的一部分。愛是相互的，美國的教育理念中，媽媽每天為孩子做飯是一種愛的體現；而孩子學會感謝，並且能力所及地分擔家務，則是孩子對媽媽另一種表達愛的方式。

我收到最感人的母親節禮物是兒子為我做的一頓早餐，雖然烤的麵包有點焦，花生醬也抹得到處都是，但至今卻讓我難以忘懷。在那個週日早上，小小的身影自己起床、穿好衣服忙碌著，真的很讓人感動！我後來問兒子，為什麼想到在母親節為媽媽做一頓早餐？兒子說，頭一天課堂上老師有問過大家，母親節會準備什麼樣的禮物給媽媽？有的同學說要用自己的零用錢買一束鮮花，有的說要幫忙打掃家裡的整潔，我兒子說：「我媽媽每天都會工作到很晚，我希望她在母親節這天能多睡一會兒，一起來就可以吃到我幫她做的早餐。」

愛不是用金錢來衡量的，愛是用來表達的。我的一個好朋友，在母親節早上，收到的是這樣一

份看似簡單卻非常用心的禮物——兒子沖的一杯「愛的拿鐵」和一張自己手繪的圖畫。美國老師鼓勵孩子自己動手製作母親節禮物，那麼下面我們就來看看美國孩子的母親節都有哪些創意吧。其實無論是做什麼，我相信一定都會是一段甜蜜和美好的親子記憶。

美國孩子做的母親節禮物

1.「我愛你」相框

每個媽媽都喜歡相框，在相框背面黏上磁鐵就可以貼在冰箱上了，讓媽媽和孩子任何時刻都可以回憶那份甜蜜的愛。

2. 寫下對媽媽說的話

在母親節前，有的老師會在教室裡布置一個背景，讓孩子們在紙上寫下最想對媽媽說的話，然後拍下來，把照片作為母親節禮物送給媽媽。

3. 以孩子自己的小手或小腳為模型做的相框

4. 把愛媽媽的理由都寫下來吧

我愛你的頭髮，你的吻，你的笑容，你做的美味湯，還有你為我唱的歌……，我的媽媽超厲害！她總是知道在我悲傷的時候安慰我，讓我更好過一些！

5. 讓孩子自製的創意小手工

把衛生紙的捲筒做成「心形」，然後蘸上顏料在卡片上印出心形圖案。讓媽媽前前後後、上上下下都被我可愛的照片圍繞吧！可以用樂高做相框，或者做一個創意塗鴉小花盆，創意塗鴉餐盤，用吃完冰棒剩下的冰棍做相框……。不僅要送給媽媽，外婆和奶奶也要照顧到喔！把對外婆或是奶奶想說的話用彩色筆在蠟紙上寫下來吧，只要運用吹風機，一個獨一無二的彩色蠟燭立刻完成，記得要多畫一些愛心喔！

當然，除了以上所列出的禮物，協助媽媽準備一頓美味的晚餐，或是替媽媽打掃家裡也是送給媽媽最好的母親節禮物！

母親是人生旅途中那個一直無怨無悔陪伴你的人，雖然現在的母親節已經逐漸被商家演變成促銷和炒作的噱頭，但是我想說的是，父母對孩子的愛是無私的，孩子對父母的愛更是透明得不帶雜質。讓孩子學會愛、學會感恩，他們的世界才會充滿光明！

生日party——讓孩子感受自己的成長

美國父母很重視孩子的生日，很多媽媽會很用心地為孩子準備每一年的生日party，從我兒子三歲上幼兒園開始，每個月都會陸陸續續收到班上同學生日party的邀請。

美國有很多專門的遊樂場地可以為孩子承辦生日party，通常需要提前預訂；但是很多家庭也會選擇在自己家裡為孩子籌備生日聚會。孩子們一般會早早地列好自己想要邀請的朋友名單，寫好生日邀請卡，向自己的好友發出邀請。

美國孩子的生日party可謂五花八門、無奇不有，從兒子三歲到現在，參加的生日party已經不計其數了。一開始我是很不屑的，我是一個連自己生日都常常忘記的人，更何況還要專門為小屁孩過生日呢！但是和兒子一起參加過幾次生日party之後，我完全改變了先前的想法。

首先，孩子辦生日party是一種儀式，讓孩子知道自己長大一歲，感恩父母的養育，感受自己的成長，讓他們更有擔當。每個小孩子都希望自己快快長大，但是身為媽媽，卻又覺得孩子長得太快了。孩子一年年地成長，變化之快讓我時常覺得時光走慢點才好，翻看每一年的全家福，重溫那些美好的時光，真是一件幸福的事情。

其次，孩子自己參與籌備自己的生日聚會，可以激發孩子的創造力，讓孩子更多地參與到家庭活動。通常美國媽媽會和孩子一起籌備整個生日party，從選擇地點、邀請哪些朋友參加，到準備什麼樣的生日蛋糕，最後回贈什麼樣的小禮物，孩子都會參與其中。與其說是籌備生日聚會，我覺得更像是孩子和父母一起完成一個專案，在籌備的過程中，孩子可以從中學會計畫、準備、執行、協調、實施等各個環節。

孩子的生日party其實是孩子之間最好的社交機會，美國社會從學校到家庭都非常重視孩子的社交能力，這也是大多數美國孩子都不怕生、很活潑的原因。每次去參加兒子朋友的生日聚會，我都會很細心地觀察兒子和他的小夥伴之間的互動，對兒子常常在家裡提到的那些好朋友也會有更進一步的了解。我通常還會有意識地提醒兒子多邀請那些在班上相對比較內向的小朋友，多讓兒子和他們互動。

這樣的場合同時更是家長之間交流和互動的最好機會，平日裡忙碌的媽媽們，終於得以在孩子的生日聚會上碰面，聊聊孩子、聊聊學校，交流一下彼此的教育經驗，孩子們的興趣愛好。很多時候我比兒子還要期待這樣的聚會，也正因為有了聚會，我才有機會認識很多志趣相投的媽媽們，跟她們互相交流學習，一起養育孩子。

下面就讓我們來看看美國孩子這些「奇奇怪怪」的生日聚會吧。

- NERF Gun party——玩具槍派對，男孩的最愛
- Pony party——彩虹小馬派對，女孩的最愛
- Golf party——高爾夫派對，高級、大氣
- Pizza party——比薩派對，自己動手、豐衣足食
- Mad Science party——瘋狂科學派對，從小培養科學怪人

對於孩子的生日party，我不主張鋪張浪費、攀比性質地為孩子一擲千金辦生日party，但是孩子約上三五好友在家裡或是小地方慶祝自己的生日，感受自己每一年的成長，還是一件值得感恩和記錄的事情。一方面可以讓孩子參與籌備自己的生日，鍛鍊孩子的組織、執行能力，更多地了解孩子在學校裡的小夥伴，另一方面也是一個和孩子朋友的家長交流溝通，增進相互認識的過程。

童子軍文化——培養孩子的自信和勇氣

童子軍起源於十九世紀的英國，當時英國社會十分動盪，英國產業也面臨危機，可是年輕人的體質卻日趨弱化。在這樣的背景下，童子軍運動成了挽救社會的一劑良藥，隨後便擴大到全英和其他國家，美國童子軍（The Boy Scouts of America，簡稱 BSA）也在這個浪潮中於一九一〇年成立，而今美國童子軍已是美國最大的青年團體，成員超過一百萬人。

美國童子軍根據孩子的年齡層分為虎子童子軍（一年級學生或六歲兒童）、幼子童子軍（一至五年級學生或七至十一歲兒童）、少兒童子軍（十一至十八歲兒童）、華西提童子軍（十四至十七歲青少年）和探索童子軍（十四至二十歲青少年）五類。這樣分類不僅能對各年齡層的孩子進行針對性的鍛鍊，而且有些活動還公平地提供了每個孩子獲得晉升的機會，讓孩子們在參加完活動之後，能感覺到自己獲得進步，贏得自信。

我的好朋友鵬鵬媽，就真真切切地體會到自己孩子在參加童子軍後的改變。鵬鵬自小比較內向，不愛表現自己，為了讓他更獨立，鵬鵬媽把十歲的孩子送去美國參加童子軍，同一個軍營裡的小夥伴都很活潑、很積極地表現自己的各種才能，漸漸地他也不甘落於人後，開始在眾人面前表現自己的才能，慢慢地融入了團體。

完成了室內的學習之後，他們就去野外露營，挑戰自己各種極限，學習野外活動的本領。攀岩、划船、升火、急救，鵬鵬和小夥伴們互相鼓勵，老師和同學的誇獎給了他很大的自信。

鵬鵬在活動中結交了一個同齡好友傑克，傑克一開始也有點畏首畏尾，但是進行了第一場的射箭活動後，很快地就融入了這裡的生活。進入射箭場，來自世界各地的小朋友們按教官的指示一字排開，緊接著戴上護具和熟悉器械，之後大家便搭箭張弦，射箭場一下子充滿了箭羽離弦和高聲歡呼的聲音，小朋友們練習得樂不可支，孩子們一下子打破拘束，越來越自在，在射箭時互相幫助的鵬鵬和傑克也馬上成了好哥兒們。經過幾週的活動，鵬鵬變得非常陽光和勇於挑戰，這次的童子軍活動對於孩子來說真的是非常好的鍛鍊機會。

美國童子軍的活動之所以影響深遠，不僅僅在於能讓孩子們獲得當下的快樂，更在於對孩子品格的磨練。美國前總統福特說：「我可以毫不猶豫地說，如果沒有童子軍精神，我不會成為一名好運動員，不可能成為一名好的海軍軍官，也不可能成為一名好的參議員，更不可能成為一名隨時都能做好

一切準備的總統。」

從美國「參軍」回來後，鵬鵬不僅更外向，而且還變得十分堅強，成為一個小男子漢了！鵬鵬說，有一天他們要去攀岩，但攀岩的前一天他們剛徒步完十公里，非常累。第二天一早，他們就到達露天的攀岩場準備攀岩，輪到他上去的時候，他覺得自己快撐不下去了，非常想放棄！但是他看到旁邊一個瘦小的女生咬著牙一步一步地往上爬，他就想：「連女生都能堅持下去，我為什麼不能？」後來他也鼓足勁往上爬，像是突然有了「洪荒之力」，最後終於順利登頂。

後來有一天聚會聊到他去參加童子軍的那段經歷，鵬鵬告訴我：「蘭蘭阿姨，你知道嗎？當我登頂站在高處眺望時，突然領悟到堅持的意義！我媽媽以前常常對我說的那些堅持的大道理，我突然就領悟了！」

我想，對於一個十歲的男孩來說，這一次童子軍的人生體驗勝過父母平時的千言萬語，他收穫的不僅是強壯的身體和外向的性格，更收穫了責任和擔當！

在訓練孩子的綜合素質方面，童子軍的準則就妥善地概括了對孩子們的要求：值得信賴（trustworthy），忠誠可靠（loyal），樂於助人（helpful），為人友善（friendly），謙恭有禮（courteous），平易近人（kind），服從命令（obedient），樂觀豁達（cheerful），勤儉節約（thrifty），勇敢無畏（brave），整潔純樸（clean），虔誠恭敬（reverent）。

同時童子軍提供了很多有益的活動，從簡單的繫鞋帶、打領帶、疊國旗，到用錘子、釘子製造簡單的木器，這些活動能提高孩子的動手能力，讓孩子掌握基本的生存要求。在攀岩、划船、升火、急救等訓練項目中，更能讓孩子認識自己，學習他人，提高社交能力及綜合情商。

美國的童子軍活動是面向全世界的，特別是對於外國的小朋友來說，美國童子軍能讓孩子們感受到不一樣的文化體驗，在語言上突破自我，向世界學習。

美國童子軍有趣的課程很多，我舉個鳥類學習（bird study）的實際例子。在課程中，孩子們透過自己的觀察獲取對鳥類、對自然的認知，比如他們透過觀察貓頭鷹的排泄物去認識貓頭鷹的飲食結構，進而了解貓頭鷹的習性。

對孩子來說，大自然是最好的課堂！和大自然近距離接觸，會讓孩子們對大自然產生濃厚的興趣，有助於培養孩子熱愛生命和觀察大自然的精神。同時，這些豐富的野外活動，還能提高孩子的團隊協作能力和領導力。

其次在禮儀方面，童子軍活動場所的周圍都會

貼著關於餐桌禮儀、與人交往禮節的標語，例如：

1. Don't talk with your mouth full.（嘴裡含著飯時不要說話。）
2. Courtesies cannot be borrowed like snow shovels，you must have some of your own.（禮貌行為不是像雪鏟一樣可以借來用，你必須自己具備這種品德。）
3. Hold the door open for the person behind you.（為你身後的人扶住打開的門。）

這可不是紙上談兵，除了看標語，每個孩子還得找一個夥伴一起練習上述禮儀。

除了禮儀和動手能力的訓練，童子軍也沒有忽視對孩子的愛心教育。童子軍們會在活動中收集來自美國居民們的捐贈，然後將捐贈品送到教區，並對其進行清點，最後這些物品會被送到窮人的手中。

這些對孩子品格的鍛鍊在美國得到了廣泛的肯定。以升學為例，美國名校的入學標準非常嚴格，不單單是看成績，學生是否具有愛心、領導力、獨立精神，是否能快速地適應環境，這些都是擇優錄取的重要因素。而童子軍會員順利從童軍訓練營畢業，並獲得畢業證書，在申請美國名校時也是會被很多名校看好的。

不僅如此，童子軍這樣的團體生活，還是鍛鍊孩子社交能力、團隊合作精神，磨練他們的意志，激發想像力和創造力的好機會。

把孩子放到一個全新的團體生活環境，這對孩子來說是一種前所未有的挑戰，在和隊友的相處之中，孩子們會學到很多與人交往的技巧和禮節，體驗到平常在課堂上體驗不到的東西。童子軍可以補充平時學校和家庭教育的不足，為孩子提供獨自挑戰的機會。

除此之外，當孩子在童子軍軍營的時候，凡事都得親力親為，在這個過程中，他們將了解到父母的辛苦與不易，從而學會感恩。

童子軍為孩子們營造了相互幫助、相互交流、相互學習、相互合作的氛圍，讓孩子們能夠懂得關愛他們、理解他人、包容他人，這些對於他們未來的人生之路都是非常珍貴的人生經驗！

夏令營活動——讓孩子打開眼界

臨近暑假的時候，家長們就要操心了，除了要督促孩子複習期末考試，很多家長更是早早地開始計畫給孩子一個充實而有意義的暑假生活。

現在越來越多的家長都傾向於送孩子參加暑期夏令營活動，一些經濟條件較好的家庭還會選擇送孩子參加國際夏令營活動，特別是美國的夏令營頗受中國家長的青睞。那麼如何幫孩子挑選夏令營？美國的夏令營又有哪些特點呢？

美國的夏令營歷史悠久，種類繁多，除了私人機構主辦的特色營，市政府、教會、社區中心也會主辦幾十種夏令營，項目之多著實令家長歎為觀止。美國有個美國夏令營協會，協會裡有上萬個夏令營，其中通過認證的有六千多個，種類繁多。其中，有學術營也有傳統的戶外運動營，有童子軍營也有家庭營。具體來說：有學習愛好類（電腦、科學、天文、物理、金融、寫作），藝術類（畫畫、舞蹈、音樂、導演、戲劇、電影製作等），體育類（籃球、游泳、網球、高爾夫等），社區服務類等種類。

不同的夏令營有不同的特點和活動內容，一般是按照星期來收費的。時間上，有半天營也有住宿營；費用上差別很大，一週從幾百美元到兩千至三千美元都有。

家長可根據孩子的興趣和家庭情況來為孩子挑選，下面我簡單介紹一些在美國比較受歡迎的夏令營。

1 學術營

這類夏令營通常是由一些私立高中或者大學開辦的，較為出名的包含史丹佛天才少年夏令營、約翰．霍普金斯大學天才兒童中心、美國天才少年訓練營等。

我還在史丹佛大學上學的時候，一到假期，校園裡就有很多中小學生的身影，他們當中除了有部分是遊學參觀校園外，很多都是為了到史丹佛大學參加夏令營。

學術夏令營的特點是，讓孩子能夠把平時在學校課堂上學到的知識在夏令營中用一種有趣而實踐的方式鞏固、加深和運用。學術營向來很受中國學生和家長的歡迎，有些夏令營的課程設置得非常好、科目很多，不僅僅包括數理化，還有電腦程式設計、機器人、戲劇、藝術、模擬法庭、模擬聯合國、辯論課等課程。

孩子們既可以在這裡接觸到許多有趣、高品質的課程，還可體驗豐富多樣的營地活動和週末戶外活動，在互動探索中學習，而不是枯燥的填鴨式教育，對很多未來計畫留學的孩子來說，這是一個親身體驗美式教育的好機會。

我一個好朋友的孩子，就是因為參加過一期史丹佛的夏令營，而萌生了以後想要報考史丹佛大學的念頭，這個朋友對我說，她的孩子參加夏令營後長大了很多，孩子從很多優秀的同齡人身上不僅能夠看到自己的不足，而且還學會了團隊精神。我想無論這個孩子最終能否考上史丹佛大學，在他幼小的心裡，一顆想要努力學習、不斷奮鬥的種子已經扎根了。

2 傳統營地夏令營

雖說美國夏令營數量和種類繁多，但主流還是以戶外活動為主的傳統營地夏令營。這類夏令營的活動目的主要是讓孩子體驗生活，把孩子從學習中釋放出來，讓大自然成為孩子們最好的課堂，在戶外活動中培養孩子的獨立性、創造性、團隊合作能力和領導力。營地會精心設計一些傳統活動，讓孩子在玩樂中學習生活技能，如烹飪、釣魚、燒烤、安紮帳篷等，也會讓孩子們參加一些鍛鍊意志的「瘋狂活動」，如山地騎行、北極熊浴（每天早上六點起床，在特別冰冷的水中進行，可以讓人一整天都精神抖擻），讓孩子們體驗到多姿多彩的生活。

在住宿營地，孩子們離家和小夥伴一起住在戶外，不僅可以結識到天南地北性格各異的朋友，與朋友們一起進行有意思的戶外活動，還能訓練自己的人際交往能力，從中學到與同齡人交往、同住一屋的技巧，以及培養互助的優秀品質。

3 家庭營

家庭營顧名思義就是家長和孩子一起參加的夏令營。在家庭夏令營中，孩子們按照年齡分組，由美國輔導員帶領著參加各種活動，而大人們則參加家庭夏令營中專門為大人安排的活動。這樣家庭成員既可以一起出遊，減輕傳統營地夏令營中年齡比較小的孩子想家的思念，又能把孩子和大人分開，各自遊玩，不用家長像親子旅遊那樣一直為孩子操心。對有時間和有足夠經濟能力的家長來說，不失為一種好選擇。

許多家庭營都富有特色，可以參與到很多平時體驗不到的活動，例如尚・米歇爾・庫斯托家庭夏令營，是由米歇爾・庫斯托（Jean-Michel Cousteau）創辦、海洋未來保護協會主辦的家庭夏令營。每年暑假，米歇爾及海洋未來保護協會的海洋生物學家們都會來到美國加州的卡特琳娜島，帶領所有家庭參與一次輕鬆而有趣的家庭夏令營。活動包括：浮潛、輕艇、帆船、攀岩、繩索、箭術、農藝、賞鯨、藝術和手工、徒步健行等，沒有任何戶外經驗的家庭也可以參加。每個家庭都有機會單獨與米歇爾一起在翡翠灣浮潛，學習海底生物知識。夏令營每天都會安排專人照顧五歲以下的孩子，這樣有嬰幼兒的家長也可以參加浮潛或其他五歲以下兒童還無法參加的活動。每天晚餐後，除了家庭活動，米歇爾會分享庫斯托家族的海洋探險記及關於海洋的種種內容。

想要體驗遠航的家庭還可以選擇「遠航家庭夏令營」。每年夏天，來自世界各地的家庭在這裡跟著專業水上教練和船長學習怎麼在湖面上駕駛帆船、快艇、輕艇、獨木舟，掌握水上運動技巧和航海技術。各種年齡、各種家庭都可以報名參加，沒有經驗也沒關係。營地有一百多艘帆船、標準高爾夫球場、十八塊網球場地，還有標準馬術、箭術、射擊場地，所以除了豐富多樣的水上活動，家庭成員們還可以在這裡體驗大量陸地上的戶外活動，比如高爾夫、網球、棒球、足球、籃球、排球、遠足、攀岩、馬術、箭術、射擊等，每項活動都有專業的教練。每天傍晚，大人還可以參加大人專屬的遊艇派對，而孩子在岸上由老師帶著做各種室內活動。

喜歡太空和飛行主題的，還可以去「太空中心家庭夏令營」或「飛行家庭夏令營」。在太空中心家庭夏令營中，可以像太空人那樣進行模擬器訓練，體驗月球漫步⅙重力椅，還有超重、失重、離心、旋轉、太空行走等訓練，模擬火箭製作和發射全過程，在真正模擬的太空艙裡親身體驗太空人的生活，還有攀岩、水上救生訓練，類比飛機駕駛等訓練內容。參加飛行家庭夏令營，可以像戰鬥機飛行員那樣模擬訓練，不管是家長還是孩子，這都會是一次絕佳的人生體驗。

美國的夏令營活動歷史悠久，種類也非常多，在不同類型的營裡，孩子們可以學習到不同的知識，鍛鍊各種能力。更重要的是孩子不會每天都以睡覺、看電視、玩電腦這三種方式度過漫長的暑假，而是以一種健康的學習方式，體驗新鮮的生活，豐富閱歷，擴大視野，度過一個充實而有意義的假期。

同時，作為家長，我想我們更應該關注的是孩子在學習和玩樂之間的平衡。在這個更考驗個人全面發展能力的時代，如果家長還總抱著一種「業精於勤，荒於嬉」的態度限制孩子的課外活動，在課外時間還逼著孩子參加充滿學習壓力的輔導班，孩子很可能就像那個十七歲考進中科院卻遭退學的「神童」一樣，除了學習外毫無其他技能。一路走來，我見過很多厲害的人與學習頂尖的人，但是細細觀察，發現其實真正的菁英都具有一個共同性——在學習時專心致志，在課外時玩個夠。身為父母，我們培養孩子的目的不是想把他們培養成會讀書的書呆子，而更應該鼓勵他們不斷地探索、發展自己的興趣愛好，打開自己的眼界，去發現更精采的世界，去體驗更奇妙的生活。

美國如何對孩子進行性教育

在看到中國山西一名八歲的女孩被體育老師數次性侵並被威脅不能告訴家長的新聞後，我感到無比心驚、心寒、心痛，沒有接受過任何性教育和自我保護意識的小女孩，只能在日記上寫下那些難以啟齒的故事，記錄下難以抹去的痛楚。

不管是在哪個國家，未成年孩子遭性侵的事件都在發生，我們永遠無法猜到會有哪些惡魔對自己的孩子下手，孩子的無知和善良恰恰是使他們遭遇不幸的原因。

就像韓國電影《希望：為愛重生》裡的小女孩，在下雨天為大叔撐傘後卻遭遇性侵，渾身傷痛的她淚流滿面地說：「我做錯什麼了嗎？」是啊，這些天真善良的孩子到底做錯了什麼，竟遭遇這樣的傷害！身為父母，既然沒有辦法時刻在孩子身邊保護他們，那就要教會孩子如何保護自己！

在美國，不是只有青春期的孩子才開始了解性知識，零到十八歲的孩子都要接受不同層次的性教育，學會保護自己不受侵犯，以及若受到侵犯後該採取的措施，降低二次傷害。此外，國外還有很多兒童性教育的繪本，適合當作孩子的性啟蒙教育。

防範性侵，從幼兒園做起

首先要重視的是，兒童遭受性侵的對象絕不僅限於女童，男童也會遭到這樣的危險。

美國疾病預防管制中心於二〇〇六年曾統計，在十八歲前，每四名女童和每六名男童中就分別有一名遭遇過性侵。在美國，孩子被強暴和性騷擾是刑事重罪，要受到嚴厲的懲處。為了避免孩子遭遇強暴和性騷擾，從孩子出生到十八歲時，學校和父母都要對他們進行性教育，而在幼年階段的性啟蒙教育尤為重要。一些地方從幼兒園開始，就會用遊戲的方式向兒童解釋什麼是性騷擾，遇到性騷擾該如何應對，如何求助和如何自我保護。

讓孩子形成自我意識

對零到五歲的孩子，父母最先應該幫助他們培養自我意識，即身體是屬於自己的，任何成人在沒有正當理由時（如父母幫孩子洗澡、醫生幫孩子檢查身體），去觀察和觸摸自己的隱私部位都是不被允許的。

家長應該告訴孩子，「若有人觸摸你後讓你感到害怕，一定要馬上逃離並告訴家長，若是被威嚇要保守祕密，也一定要說出來。另外，性侵害也指某人要求你觸摸他（她）的身體的隱私部位，而你不能隨便觸摸他人的隱私部位。」在孩子形成自我意識的同時，還要學習自我保護。美國的一項調查證實，百分之九十以上的受害兒童是被自己認識和信任的人所侵犯。因此，家長要告訴孩子身邊的熟人更需要防範，對孩子們進行危險防範教育。

在美國，從小學低年級開始，學校和班級老師就會向孩子們定期發送「提醒紙條」，告訴壞人有哪些慣用的伎倆，警告孩子們避免前往僻靜荒涼的地方，警覺跟蹤狂或偷拍者等可疑人員，遇到危險立刻大聲呼救和逃跑等。在遇到緊急情況，特別是在校外遭遇性騷擾和性侵害時，孩子們應該就近報警。

解決孩子對身體的疑惑

在孩子身上或多或少都會發生對性器官感興趣的現象，一些孩子三到四歲時就開始自我身體的探索過程，有些孩子會自慰，有些孩子會想看爸爸媽媽的身體。

我的朋友說，她家孩子幾個月大的時候就會自慰，還伴有喘息、臉紅的現象，後來經她翻閱論文查證，這是屬於人對快感的本能追求，是正常現象；但孩子對身體的探索會讓很多父母感到尷尬，也許還會喝斥孩子，其實這只是孩子對身體的好奇和探索，並沒有其他淫穢的想法。

當孩子的好奇心膨脹時，父母越壓制，孩子就越會從不正當的管道自己解決疑惑。因此，解決孩子對身體的疑惑非常重要，父母只要當成是幫助孩子解決一道數學題即可，不必大驚小怪。在美國，學校和家長會告訴孩子，自己身上哪些地方是需要保護的隱私部位（private parts），不可給他人看，也不可給他人觸碰；同樣孩子也不可觸碰他人的隱私部位。那麼，讓孩子如何分辨性侵行為，保護自己的身體呢？簡單地說，父母需要幫孩子解決最原始的對性的好奇，尊重和接納孩子的疑惑，在孩子理解的基礎上為孩子教授防範知識。

如果父母不知道如何幫孩子展開性教育，可以學習以下專家的方法。朱莉・梅澤爾（Julie Metzger）是美國一位性教育專家，從一九八八年起她就在兒童醫院開設性教育課程，從醫學的角度為孩子解決身體的疑惑。她讓每個孩子在一張白紙上匿名寫下自己的疑惑，然後她一個個解答。孩子們一開始都很彆扭，但後來都聽得津津有味，不再忌諱這些話題。家長們可以借鑒這個方法，讓孩子把說不出口的話寫在紙上，為孩子上一堂性教育課。

告訴孩子被侵犯後的措施

性侵犯不僅包括肢體上的侵犯，還包括言語上的侵犯。父母在教會孩子如何分辨性侵行為後，還要告訴孩子，萬一被侵犯應當做什麼措施。如果孩子受到性侵，不管程度高低，都必須要讓孩子第一時間告訴家長或可信任的大人，讓成人來幫助他們解決，並且要讓孩子從此遠離可疑人員，並對相應的人做出戒備。

更重要的是，父母需要告訴孩子，孩子遭到性侵並不是他們的錯，並及時帶孩子去做心理諮詢，防止孩子留下心理創傷和對異性的恐懼，如果孩子遭遇性侵，父母只有教會孩子正確的事後應對措施，才能最大限度減少孩子的二次傷害和心理創傷。

國外的兒童性教育書籍推薦

國外對兒童性教育極其重視，開設了許多性教育課程或專門的性教育網站。接下來我為大家介紹三本針對不同年齡層孩子的性教育書籍，讓孩子正確地學習性知識。

1 *Where Did I Come From?*

適合四到七歲的孩子閱讀，這是在美國流行已久的性教育書籍，用可愛的圖畫來介紹人體性器官。書中信息量很大，解說也很坦率直白，讓孩子看完這本書，會對性和生命的孕育留下積極健康的印象。

2 *What's happening to me?*

適合青春期前後的孩子閱讀，同為彼得・梅爾（Peter Mayle）所著，幫助青春期前後的孩子了解自己在青春期的生理發育過程。本書語言幽默，緩解了父母的尷尬，讓孩子正確看待自己的生理發育現象，值得一讀。

3 *Sex: A Book for Teens*

適合十六到十八歲青少年閱讀，十六歲的年紀，孩子們對性行為已經有好奇和些微了解。這本書對性行為給予了正確的建議和資訊，還談到關於不同性取向、自慰、性別的定義、兩性關係、童貞、避孕、性病的問題，有利於孩子正確看待性行為，好好保護自己。

另外，有一部性教育短片《小威向前衝 *Where Willy Went*》，希望家長和孩子可以一起觀看，及時為孩子解決關於性方面的疑惑。

當我寫下這篇文章，我想起當年我上初中的時候，「健康與護理課」作為副科總是無緣無故被主科老師「要」走。那時候青春懵懂的女生，覺得連每個月的「大姨媽」都是一件令人羞恥的事情。

當時也沒有像如今這樣網路發達，孩子們能夠從各種管道了解關於性方面的知識，但是也正因為發達的網路，如果作為家長不加以引導和控制，反而會讓孩子在健康與不健康的性知識方面產生迷惑，甚至誤入歧途。

生命是一個自然而然的延續過程，讓孩子知道自己是如何而來，是父母由愛開始而產生的「愛的結晶」，這本身就是一件非常美好的事情。讓孩子正確地認識自己的身體，保護好自己的身體，是每一對父母都必須要做的事情！

社會科學知識課堂——從學前班開始播下種子

世界上最厲害的機器人公司之一「波士頓動力」（Boston Dynamics）登出他們最新研究的機器人影片後，一時之間美國的各大網站都被這段影片洗版了，看了這段影片，我第一感覺就是棒！美國的科學技術一直在全世界遙遙領先，美國孩子從小學開始，具體來說在學前班的時候就已經開設電腦課程了。

記得兒子在上學前班的時候，學校的老師定期會邀請家長去為孩子們傳授各式各樣的知識。因為每個家長的職業、所從事的領域不一樣，孩子們實際上可以從各個家長身上學習到包羅萬象的知識。我先生一直就是傳說中「別人家的孩子」，從小因為打遊戲打得太好，遊戲廳老闆不讓他進去（因為一枚遊戲幣可以打一整天），後來改打桌球，也因為他打得好，老闆讓他去顧店；他順利地考進大學，然後又順利地取得美國史丹佛大學的全額獎學金到美國念博士。他本科專業學的是自動化，到史丹佛大學又跟著超級厲害的老師學機器人，我家機器人先生每次都是我兒子學校老師死盯的對象，因為「機器人」這個話題對孩子們的吸引力實在是太大了。

上課之前，我先生去學校和老師做了簡短的溝通，因為機器人這個概念實在太廣泛了，包含的內容也太多且非常複雜，如何能夠讓六、七歲的孩子們理解並不是一件非常容易的事情。

「用孩子的語言，激發他們的興趣」，這是老師和我先生最後達成的共識。上課之前，我先生花了一點時間做了PPT簡報，首先，他介紹了在世界上出盡風頭的日本本田開發的機器人

ASIMO，也是孩子們可能看過的機器人。在美國洛杉磯的迪士尼樂園裡面就有一個ASIMO，如果您下次帶孩子到洛杉磯的迪士尼樂園，不妨讓孩子和ASIMO來個親密接觸；我們帶兒子去洛杉磯的迪士尼就曾經讓他近距離接觸過ASIMO，這讓兒子印象深刻，就算到現在他仍然能夠對ASIMO的身高、體重，能夠做哪些動作如數家珍。

其次，我先生為孩子們介紹了仿生機器人，現在世界上最有名的仿生機器人之一應該是我先生在史丹佛讀博士時所在的實驗室裡研究出來的爬牆機器人。

記得當時說完這個話題，孩子們七嘴八舌地討論起來，有的說以後要做一個像烏龜的機器人，有的說要做一個像恐龍的機器人，我想這個話題已在他們的心裡埋下一顆渴望知識的種子。

隨後，機器人先生還為孩子們講了很多電影裡面的機器人，比如《變形金剛》裡的「大黃蜂」，《大英雄天團》裡的暖心「大白」，還有可上天入地的「鋼鐵人」。

孩子們幾乎能夠在第一時間說出這些電影裡機器人的名字，我先生告訴他們，現在的科技哪些是可能實現的，哪些現在還實現不了，未來就等著他們去攻克這些科學難題，從此我先生在兒子的學校有了一個外號——Mr. Robot。

每次他去學校接兒子，孩子們都會大老遠衝上來，"Hi, Mr. Robot!"，我先生曾經迫不得已帶著兒子去參加過幾次國際性的機器人展覽（因為我出差，沒人看顧兒子），一開始以為這種高檔的國際機器人展覽對於兒子來說太過「高冷」，沒想到結果卻恰恰相反，兒子在會場上不僅玩得不亦樂乎，還頗受很多參展公司的喜愛，因為很多參展的機器人就是針對孩子所設計的。

未來將是一個人工智慧時代，如果我們現在在孩子們心中埋下渴望知識、探索科學的種子，我相信不久的將來，種子一定會開花、結果，為世界帶來不一樣的驚喜。

兒子去參加機器人展覽。

後記

孩子出國需謹慎，別讓小別離變成大折騰

多和孩子溝通、交流，聽聽他們的想法，最終找到一條適合自己孩子發展的人生道路才是最重要的！

有一段時間，朋友圈都在討論當時正在熱播的中國電視劇《小別離》，我的好幾個朋友都發訊息給我，叫我看看這部電視劇，很多年沒看電視劇的我，也饒有興趣地一口氣看了好幾集。

我出國很多年了，身邊認識很多各個年齡層出國的中國留學生，他們各自的家庭背景不同，自身的素質也千差萬別。

近幾年，要不要送孩子出國讀書是很多父母非常關心的話題。有個網站做了一個「你有讓孩子出國的打算嗎？」的問卷調查，結果顯示，在六千多份投票中，百分之三十的網友有明確送孩子出國的打算，百分之四十九的網友正在考慮中，剩下百分之二十一的網友表示還沒有這個想法。

換句話說，將近八成的網友有意送孩子出國留學，雖然這個比例不一定適用於目前中國家庭的普遍情況，但至少代表一個趨勢，那就是很多家庭希望可以創造條件，讓自己的孩子有機會出國學習。

在電視劇《小別離》中，三個家庭分別屬於三個階層——富人、中產、平民，而他們的孩子分別是「學渣」「學酥」「學霸」（編註：中國網路流行語，學渣意指平時不努力，只會臨時抱佛腳的人；學酥泛指本身沒有實力，卻喜歡裝得很厲害的人；學霸是指刻苦學習、學識豐富的人）。富人送孩子出國輕而易舉，但在和孩子的溝通上出現了各種問題；中產菁英家庭，孩子和他們父母一樣左右彷徨；而平民的孩子成績好，父母希望他出國深造，卻為五斗米勞苦奔波。

現在中國的朋友們向我諮詢最多的問題就是——我該不該把孩子送出國？什麼時候送出去最好？我想這也是這部反應低齡留學問題的電視劇這麼火紅的原因吧。以我親歷美國教育和多年居住在美國的經驗來看，我個人的意見是：首先，是否送孩子出國讀書這件事情是一個家庭的決定，而不是父母替孩子做的決定。我這裡所指的家庭，一定包括了孩子本人的意願。

父母應該多聽聽孩子的想法，和他們一起討論未來的方向，再小的孩子也有自己的想法和意志，現在很多家長常常是站在家長的角度替孩子做決定，而不是真正地尊重孩子自身的意願。

就像這個電視劇裡的「學霸」平民家庭，孩子明明成績很好，可以走傳統的重點高中的路線，但就是因為父母認為出國能夠讓他變得更加優秀，而自作主張替孩子做決定。

我想現實生活中，很多的家長其實和電視劇裡的這個媽媽是一樣的想法。那麼作為家長的我們有沒有真正仔細想過這個問題——我們為什麼要送孩子出國？是因為出了國就能夠讓孩子變得更優秀，還是僅僅因為隔壁老王家的孩子也出國了？

為什麼要送孩子出國？

我們把孩子送出國的目的是什麼？是希望他鍍了一層金以後回國，還是最終能夠留在國外生活？是希望他能說好一口流利的英文，還是希望他學習更多的多元文化？

我有個在教育界很有聲望的朋友經常提到這樣的觀點，「送孩子出國讀書並不是解決孩子教育問題的根本辦法，通常我們看到的例子普遍是，優秀的孩子出不出國都很優秀，不優秀的孩子，就算出了國也未必就能如家長所願。」

我身邊看過各式各樣的例子，我曾經見過一個到美國讀高中的中國孩子，他的父母是一般家庭收入，為了把他送出國讀書，真的可以用「砸鍋賣鐵」來形容，為了讓他出國，父母賣掉一套大房子，媽媽還一直在外兼職，他高中畢業從美國一所雜牌學校混了一個文憑，找工作的時候我面試他，他居然連英文都說得不流利。

我當時非常驚訝，詢問他的留學經歷，他說是被父母硬逼著出國的。當時被仲介唬弄，去了一所不良高中，到了那裡才發現學校裡有很多中國留學生，於是他整個高中生涯都是和一幫中國留學生混在一起，自然沒有什麼機會說英語。

他說考上美國的大學後，他也是盡量和中國人待在一起，所以這些年英文沒什麼進步，大學畢業後，父母在中國也沒什麼人脈，沒辦法幫他安排好的工作，而現在中國也不再是隨隨便便一個「海歸」就吃香的年代，他投了許多簡歷都石沉大海了。

另一方面，他的父母覺得花了那麼多錢送他出國讀書，最後又回國找工作太吃虧，一心想讓他留在美國發展，於是他就這樣高不成低不就地混著，這個孩子並不是個案，而是代表了一部分現在出國鍍金孩子的現狀。

當然我也見過中國的「學渣」出國逆襲的例子，一個本來在中國連專科都考不上的孩子，在國外讀了一年語言預科之後，順利申請上一所本科，接著又繼續讀完碩士研究生，現在回中國創業了，他常常感慨，當初父母送他出國可能是對他人生最好的一筆投資。

不過反觀他逆襲的原因，其實這個孩子本來就是一個極富創造力、非常聰明的孩子，他的性格不太適應中國流水線上的應試教育，到了國外相對寬鬆自由的學習環境，反而給了他更多的空間，他一下子開悟了！

所以，作為家長，想要把孩子送出國之前，我們首先應該去了解自己的孩子，他們的意願、他們的性格、他們的長處，在想清楚這些問題之後，再決定是否送孩子出國。

什麼時候適合送孩子出國？

現在越來越多家長認為越早送孩子出國越好，《小別離》這部電視劇也一定程度地反應了這個現象。我常常見到很多到美國讀高中、初中甚至是小學的孩子，父母常以孩子能夠說一口地道的英文為傲，殊不知這背後也有很多隱憂。

初中、高中是一個孩子建立完善的價值觀、世界觀、人生觀的重要時期。中國有著幾千年的歷史和文化，有中國文化中的基礎價值觀，但是太小的孩子獨自到了國外，在他們自身的價值體系尚未建立完全、基礎還沒有打穩的時候，受到其他價值觀的影響勢必會對他們已有的價值觀造成衝擊，甚至是坍塌。這樣的結果往往使孩子變得無所適從，變成一個不中不西的華人，而隱藏在他們內心深處的心理問題則是更大的隱患。

我和我先生雖然出國很多年了，但是在我們的內心深處仍然覺得我們是地地道道的中國人，是生活在美國的中國父母。我們對自己的祖國引以為傲，對自身的價值觀也非常認同，在這個基礎上，可以抱著開放的心態去接納全世界其他的價值觀，接觸全世界各式各樣的多元文化、求同存異，這些都不影響已經形成的自我認可的價值體系。

我認識好幾個從高中就到美國讀書的孩子，他們的學業非常優秀，中文、英文都說得很好，但是深入接觸後常常向我坦言：他們找不到歸屬感，不知道自己到底是中國人還是美國人。因為在美國人眼裡，他們是中國人，但是對於中國人來說，他們的思考模式、行為習慣都已經是地道的美國人了。

曾經有個男孩對我說，「外人看我能說一口流利的英文，在名校讀書，覺得我未來一片大好前途，但是我不知道我自己的根在哪裡，我和我的父母沒辦法交流，他們根本搞不清楚我在想什麼。我身邊最好的幾個朋友都是和我一樣很小就來美國讀書的中國人，他們和我有著同樣的苦惱。」

送孩子出國，父母需要做哪些準備？

1 經濟費用

經濟上的準備不用我強調了，《小別離》裡面除了富人家庭以外，就算是中產家庭，也不是隨隨便便就可以毫無負擔地支付孩子的留學費用。

美國好的私立初中、高中，一年的學費五萬美元左右，加上住宿費、學習用品、課後班和其他生活日常開銷，節約一點一年也差不多要十萬美元，這還不包括孩子每年往返中國、美國之間的機票、旅行費用。

如果選擇便宜的公立學校，那必定得選擇好的公立學校，好的公立學校周圍的房子和中國一樣都同樣存在學區高房租的情況。

2 送寄宿家庭還是父母陪讀？

美國很多州的法律規定，十六歲以下的孩子是不能單獨居住的，必須有監護人看護，所以太小的孩子送到國外，就存在到底是在美國當地找寄宿家庭，還是父母其中一方來美國陪讀的問題。

首先我們來說寄宿家庭，一般未到法定年齡的孩子，留學機構都會負責幫忙找寄宿家庭。我見過很好的寄宿家庭，老夫婦自己住很大的房子，雙方都是大學教授並熱愛中國文化，對孩子非常好，親如一家。

但是，我也見過很差的寄宿家庭，有些黑人或是墨西哥人家庭，為了賺錢不得已接收外國留學生寄宿，這樣的家庭本身的家庭氛圍就很差，孩子在這樣的寄宿家庭每天過得心驚膽顫。曾有住在這樣的寄宿家庭的孩子對我說：「如果我父母知道我現在生活的家庭環境，我媽媽可能眼淚立刻就會奪眶而出吧！」

最終孩子會進入什麼樣的寄宿家庭，有時得靠運氣，有時需要找到好的留學機構，這些都需要父母多研究。

如果父母一方陪讀，且不說父母雙方長期兩地分居的壞處，我見過幾個在美國陪孩子讀書的媽媽，她們本身對美國教育一無所知，有些甚至英語還不如自己的孩子，請問這樣的陪讀有什麼意義？

孩子一天在學校待的時間從上午八點到下午六點，父母陪讀的角色充其量就只是司機、廚師、提款機。我認識的一個陪讀的媽媽朋友，孩子的學校開家長會時，她無法和老師溝通，甚至請我代替她開家長會，有時想想，這背後又充滿著多少的無奈啊！

3 心理層面

縱然孩子能夠在國外學習到很多先進的知識，受到西方文化的薰陶，但是美國又是一個多元化、非常開放的國家，如果把太小的孩子送出國，他們的價值觀會承受更多外來文化的衝擊，有些價值觀往往是中國家長無法接受的，最終會造成孩子和家長無法溝通。

除此之外，美國在軟性毒品、性、槍支、強勢社團等方面，真實的情況也是中國家長無法想像的。

錢鍾書老先生在《圍城》裡曾經描寫男主角方鴻漸花錢買「克萊登大學」文憑這樣一段故事，其實就算是現在，美國仍然存在很多類似「克萊登大學」這樣的不良學校，家長花了大把錢把孩子送到這些學校讀書，往往最後會落得「竹籃打水一場空」的悲劇！

送孩子到國外留學本身是好事，家長希望能夠為孩子提供更好的學習機會，為他們的未來鋪設更寬廣的道路；但是身為家長也應該有充分的心理準備！在學校的選擇上，不要太過相信留學機構的廣告，多上網查資料，多諮詢過來人的經驗都非常必要。

最後，我想說的是，多和孩子溝通、交流，聽聽他們的想法，最終找到一條適合自己孩子發展的人生道路才是最重要的！

全球化的教育課

啟發IN、管教OUT，史丹佛媽媽的美式教育心法

作者 唐蘭蘭
編輯 鄭婷尹
校對 鄭婷尹、徐詩淵
封面設計 劉錦堂
內頁排版 唯翔工作室

發行人 程顯灝
總編輯 呂增娣
主編 翁瑞祐、徐詩淵
資深編輯 鄭婷尹
編輯 吳嘉芬、林憶欣
美術主編 劉錦堂
美術編輯 曹文甄
行銷總監 呂增慧
資深行銷 謝儀方
行銷企劃 李昀

發行部 侯莉莉
財務部 許麗娟、陳美齡
印務 許丁財
出版者 四塊玉文創有限公司

總代理 三友圖書有限公司
地址 一〇六台北市大安區安和路二段二一三號四樓
電話 (02)2377-4155
傳真 (02)2377-4355
E-mail service@sanyau.com.tw
郵政劃撥 05844889三友圖書有限公司

總經銷 大和書報圖書股份有限公司
地址 新北市新莊區五工五路二號
電話 (02)8990-2588
傳真 (02)2299-7900

製版 興旺彩色印刷製版有限公司
封面印刷 鴻海科技印刷股份有限公司
內文印刷 靖和彩色印刷有限公司
初版 二〇一八年二月
定價 新臺幣三二〇元
ISBN 978-986-95765-6-7(平裝)

國家圖書館出版品預行編目(CIP)資料

全球化的教育課：啟發IN、管教OUT，史丹佛媽媽的美式教育心法 / 唐蘭蘭著. -- 初版. -- 臺北市：四塊玉文創, 2018.02
面；　公分

ISBN 978-986-95765-6-7(平裝)

1.家庭教育

528.2　　107000799

掌握世界脈動

愈花愈有錢，跟著有錢人學理財！

28 歲結婚，30 歲置產，50 歲退休的家庭理財計畫

馮潔 著／定價 300 元

作者為專業理財規劃顧問，以淺顯文字指出正確的理財觀念，分析各式理財工具特色，教導相關財務報表製作，佐以大量實例分享，提供讀者全方位的理財知識。

金融交易聖經──圖形辨識

拉里．裴薩文托（Larry Pesavento）、萊絲麗．喬弗拉斯（Leslie Jouflas）著／羅耀宗 譯／定價 400 元

有 40 年經驗的華爾街投資名家，教你從蝴蝶、AB=CD、三衝等各種圖形，洞悉股市脈動，學習辨識趨勢日，以機率思考、資金管理、風險評估，掌握成功勝算！

別傻了！經濟學很重要

為了活下去必備的 88 個經濟學關鍵詞

韓佳宸 著／定價 320 元

物價飆漲、買不起房、二十二 K、哭爹喊娘。這是個不懂經濟學就註定苦哈哈的時代，人生必備的 88 個經濟學概念，一次告訴你！

工業 4.0

結合物聯網與大數據的第四次工業革命

阿爾馮斯．波特霍夫、恩斯特．安德雷亞斯．哈特曼（Alfons Botthof & Ernst Andreas Hartmann）著／劉欣 譯／定價 380 元

後工業時代顛覆全球製造業的思維，結合物聯網、雲端、大數據與智慧製造，形成人類的第四波工業革命，開啟未來的工業模式與工作模式。

互聯網思維的致勝九大關鍵

換掉你的腦袋，成為新時代商場贏家

趙大偉 著／定價 320 元

阿里巴巴、蘋果、小米到底有何過人之處？馬雲、賈伯斯、雷軍的經營祕笈，網路時代必須培養的 9 大思維，必須熟讀的 22 個法則，商場贏家的成功方程式。

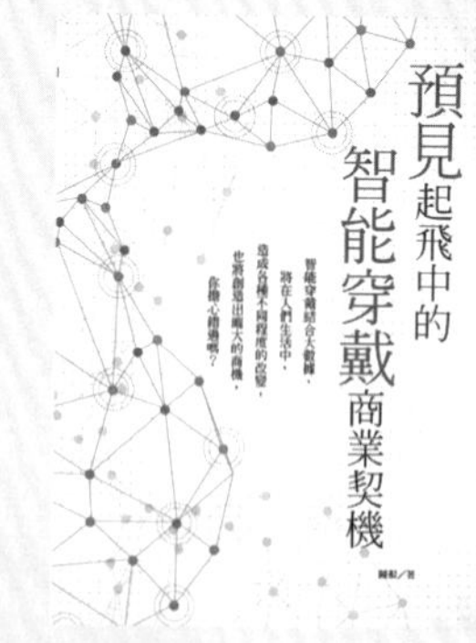

預見起飛中的智能穿戴商業契機

陳根 著／定價 300 元

智能穿戴結合大數據，將在人們生活中造成各種不同程度的改變，也將創造出龐大的商機。

廣 告 回 函
台北郵局登記證
台北廣字第2780號

地址：　　　縣/市　　　鄉/鎮/市/區　　　路/街

段　　巷　　弄　　號　　樓

三友圖書有限公司 收

SANYAU PUBLISHING CO., LTD.

106　台北市安和路2段213號4樓

「填妥本回函，寄回本社」，即可免費獲得好好刊。

粉絲招募歡迎加入

臉書／痞客邦搜尋

「三友圖書-微胖男女編輯社」

加入將優先得到出版社
提供的相關優惠、
新書活動等好康訊息。

四塊玉文創╳橘子文化╳食為天文創╳旗林文化

http://www.ju-zi.com.tw

https://www.facebook.com/comehomelife

【黏貼處】對折後寄回，謝謝。

親愛的讀者：

感謝您購買《全球化的教育課：啟發IN、管教OUT，史丹佛媽媽的美式教育心法》一書，為感謝您對本書的支持與愛護，只要填妥本回函，並寄回本社，即可成為三友圖書會員，將定期提供新書資訊及各種優惠給您。

姓名＿＿＿＿＿＿＿＿ 出生年月日＿＿＿＿＿＿＿＿
電話＿＿＿＿＿＿＿＿ E-mail＿＿＿＿＿＿＿＿
通訊地址＿＿＿＿＿＿＿＿
臉書帳號＿＿＿＿＿＿＿＿
部落格名稱＿＿＿＿＿＿＿＿

1 年齡
□18歲以下 □19歲～25歲 □26歲～35歲 □36歲～45歲 □46歲～55歲
□56歲～65歲 □66歲～75歲 □76歲～85歲 □86歲以上

2 職業
□軍公教 □工 □商 □自由業 □服務業 □農林漁牧業 □家管 □學生
□其他＿＿＿＿＿＿＿＿

3 您從何處購得本書？
□博客來 □金石堂網書 □讀冊 □誠品網書 □其他＿＿＿＿＿＿＿＿
□實體書店＿＿＿＿＿＿＿＿

4 您從何處得知本書？
□博客來 □金石堂網書 □讀冊 □誠品網書 □其他＿＿＿＿＿＿＿＿
□實體書店＿＿＿＿＿＿＿＿ □FB（三友圖書－微胖男女編輯社）
□好好刊（雙月刊） □朋友推薦 □廣播媒體

5 您購買本書的因素有哪些？（可複選）
□作者 □內容 □圖片 □版面編排 □其他＿＿＿＿＿＿＿＿

6 您覺得本書的封面設計如何？
□非常滿意 □滿意 □普通 □很差 □其他＿＿＿＿＿＿＿＿

7 非常感謝您購買此書，您還對哪些主題有興趣？（可複選）
□中西食譜 □點心烘焙 □飲品類 □旅遊 □養生保健 □瘦身美妝 □手作 □寵物
□商業理財 □心靈療癒 □小說 □其他＿＿＿＿＿＿＿＿

8 您每個月的購書預算為多少金額？
□1,000元以下 □1,001～2,000元 □2,001～3,000元 □3,001～4,000元
□4,001～5,000元 □5,001元以上

9 若出版的書籍搭配贈品活動，您比較喜歡哪一類型的贈品？（可選2種）
□食品調味類 □鍋具類□家電用品類 □書籍類□生活用品類 □DIY手作類
□交通票券類 □展演活動票券類□其他＿＿＿＿＿＿＿＿

10 您認為本書尚需改進之處？以及對我們的意見？
＿＿＿＿＿＿＿＿

感謝您的填寫，
您寶貴的建議是我們進步的動力！

【黏貼處】對折後寄回，謝謝。